Petra Ilg

Basilikum – die heilige Pflanze der Hindus

Ratgeber Ehrenwirth

Die Deutsche Bibliothek – CIP-Einheitsaufnahme

Ilg, Petra:
Basilikum – die heilige Pflanze der Hindus/Petra Ilg. –
München: Ehrenwirth, 2000
Ratgeber Ehrenwirth
ISBN 3-431-04019-5
Bildnachweis: AKG Photo, Berlin: Seite 16, 18;
CMA Deutsche Butter, Ketchum GmbH, München: Seite 69;
Deutsches Teigwaren Institut, Ketchum GmbH, München: Seite 91, 97;
Mauritius – Die Bildagentur, Mittenwald:
Seite 9, 20, 32, 38, 43, 49, 54, 78;
Union Deutsche Lebensmittelwerke GmbH, Hamburg: Seite 108

ISBN 3-431-04019-5
© 2000 by Verlagsgruppe Lübbe GmbH & Co. KG
Internet: http://www.ehrenwirth.de
Konzeption und Realisation: Christine Proske
(Ariadne Buchkonzeption, München)
Redaktion: Cornelia Rüping
Umschlag: Rainald Schwarz, München
Umschlagfoto: Tony Stone, München; Beat Ernst, Basel
Satz: Blank Satzstudio GmbH, München
Druck: Landesverlag, Linz
Printed in Austria

Inhalt

Vorwort 9

I. Geschichte des Basilikums. 11
Die Entdeckung des Königskrauts als heilige Pflanze
der Hindus 11
Basilikum in der Antike und im Mittelalter. 15

II. Ocimum basilicum – mehr als nur ein Kraut 20
Die Familie der Lippenblütler 20
Sensorischer Steckbrief: Aussehen und Duft. 20
Mehr als zwei Dutzend Arten – von Asien bis Zypern. 22
Vom Anbau bis zur Aufbewahrung. 31

III. Basilikum genauer betrachtet: die Inhaltsstoffe 33
Ätherisches Öl: dufte Kraft aus dem Blatt 33
Gerbstoffe: keimtötend und wundheilend 34
Flavonoide: Helfer beim Heilen 34
Weitere Heilsubstanzen 35

**IV. Vom Gebrauch des Basilikums –
Anwendungsgebiete von A–Z**. 37
Warnhinweis. 37
Anwendungsformen des Basilikums 37
Akne. 41
Allergie 41
Appetitlosigkeit 42
Asthma 42
Augen, entzündete 43
Blähungen 43
Blasenentzündung 44
Bronchitis. 44
Dengue-Fieber 45
Depressionen 45
Diabetes 46
Durchfall. 46

Eiter	47
Erkältung	47
Erschöpfung	48
Fieber	49
Gallenprobleme	50
Gonorrhöe, Syphilis	51
Grippe	51
Halsschmerzen und Heiserkeit	51
Hautprobleme	52
Herpes	52
Herzbeschwerden	53
Husten	53
Immunschwäche	53
Infektionskrankheiten	54
Insektenstich	55
Katarrh	55
Kopfschmerzen	56
Kratzer, Schürfwunden	56
Krupp	57
Lepra	57
Lungenprobleme	57
Magen-Darm-Beschwerden	58
Malaria	59
Menstruationsbeschwerden	59
Milchfluß, gestörter	59
Mückenschutz	60
Müdigkeit	60
Mund- und Gaumeninfektion	60
Nervenschwäche	60
Nierenentzündung	60
Ohnmacht	61
Ohrenschmerzen	62
Pickel	62
Rheuma	62
Schlangenbiß, Skorpionstich	63
Schnupfen	63
Sexuelle Antriebslosigkeit	63
Stimmungstief	63
Störung des Sprachvermögens	64
Streß	64
Übelkeit	64
Verstopfung	65
Wetterfühligkeit	65

V. Köstliche Rezepte mit Basilikum 66
Kleine Kräuterkunde... 66
Vorspeisen und Snacks 67
Salate und Rohkost 72
Dips und Soßen 76
Suppen und Eintöpfe 83
Teigwaren.. 88
Aus dem Ofen.. 93
Pfannengerichte.. 99
Fleisch und Fisch 103
Essig, Öl und Eingemachtes....................................... 108
Desserts, Drinks und Deko.. 110

VI. Anhang 114
Literaturverzeichnis 114
Bezugsquellen für Basilikumsamen und -pflanzen 116
Verzeichnis aller Gerichte von A–Z............................... 117

Vorwort

Wer kennt das nicht: Es ist Sommer, überall duftet es nach Blumen, Gräsern und Kräutern. Selbst auf den kleinsten Fensterbänken der Küchen gedeihen frische, grüne Gewächse. Da darf auch Basilikum nicht fehlen. Neben Küchenkräutern wie Petersilie und Schnittlauch hat es sich zu einer häufig verwendeten Zutat für unzählige Speisen entwickelt. Doch das war nicht immer so. Fragt man Großmutter nach ihren liebsten Gewürzen, gehört Basilikum selten dazu. Was wissen wir eigentlich über dieses Kraut, das zwar nicht die Haupt-, aber eine wichtige Nebenrolle in vielen Gerichten spielt?

Der Küchenklassiker: Ocimum basilicum

Der Weg dieses Küchenklassikers reicht weit zurück: bis in das alte Indien. Dort heilte und heilt Basilikum unter dem Namen »Tulsi« in der ayurvedischen Medizin viele Krankheiten und Beschwerden. Und auch in der hinduistischen Religion hat die Pflanze große Bedeutung.

Wenn man den Lauf der Geschichte verfolgt, läßt sich leicht feststellen, daß sich nicht nur die Hindus mit Basilikum beschäftigten. In beinahe jedem Land und jeder Epoche hinterließ das Kraut Spuren seiner Heilkraft. Bereits im Altertum beherrschte das Basilikum Küche und Hausapotheke. Bei der Herstellung von Parfüms, Kräuterlikören, Bädern und Cremes spielte es ebenfalls eine wichtige Rolle. Wegen seines intensiven Dufts wurde es auch gern für Gewürzsträuße oder Potpourris verwendet. Alle diese Möglichkeiten bietet Basilikum heute immer noch.

Gewürzsträuße und Potpourri

In diesem Buch werden Ihnen viele unterschiedliche Rezepte vorgestellt, die zum Nachmachen einladen, gesund sind und den Appetit anregen. Mit den zahlreichen Tips und Vorschlägen für die Anwendung des Königskrauts bei Krankheiten und Verstimmungen können Sie seine Kraft auch daheim nutzen.

Viel Spaß dabei wünscht Ihnen   *Petra Ilg*

I. Geschichte des Basilikums

Die Entdeckung des Königskrauts als heilige Pflanze der Hindus

Die Geschichte von Basilikum beginnt in Indien, wo es als »Tulsi« oder »Tulasi« bezeichnet wird. Von dort gelangte es über den Mittleren Osten bis in die Länder des Mittelmeerraums. Es war wohl Alexander der Große, der es von seinen Reisen mit in die westliche Welt brachte.

Alexander der Große

Daß Pflanzen in der indischen Mythologie eine große Rolle spielen, zeigt sich in der Tradition der Duft- und Heilkunde. Es gibt kaum eine Nation, in der es eine solche Vielfalt von Pflanzenarten gibt und das Wissen darum so weit verbreitet ist wie in Indien. Der Glaube an die Kraft der Pflanzen entwickelte sich aus langjähriger Beobachtung und Anwendung. Die hinduistische Religion erachtet alle Pflanzen als heilig. Es wird sich in Indien kaum ein Lebensbereich finden lassen, in dem geheiligte Pflanzen keine Rolle spielen. Sie werden für religiöse Zwecke eingesetzt, und bei körperlichen Beschwerden sorgen sie für Linderung oder gar Heilung. Alle heiligen Pflanzen werden von den Hindus als Wohnsitz von Göttern, Feen und Dämonen angesehen.

Heilige Pflanzen

> Tulsi gilt als das Lieblingskraut des Welterhalters Vishnu, einem der wichtigsten Götter des Hinduismus. Noch heute weihen die Hindus ihm das Kraut. Das heilige Basilikum gilt als seine Inkarnation. Die jahrtausendealten hinduistischen Schriften enthalten die Grundregeln über Rituale, den Gebrauch und die Verehrung der verschiedenen Pflanzen. Darin erklärt sind auch die Beziehungen zwischen der jeweiligen Pflanze und ihrer Bestimmung.

Tulsi besitzt nach dem hinduistischen Medizinsystem, dem Ayurveda, einen heilenden und schützenden Wert. So soll jeder Hindu zum Schutz vor bösen Geistern beim Schlafen ein Blatt der heiligen Pflanze auf seiner Brust tragen. Durch die Verehrung von Tulsi sowie die Opferung von Licht und Speisen erhoffen die Menschen sich Reichtum, Nachwuchs, Gesundheit, Glück und Tugend. Es gibt eine Vielzahl von Legenden über das heilige Kraut. Alle berichten von der Magie und spirituellen Stärke, die von ihm ausgeht und von der sich die Hindus Hei-

Schutz vor bösen Geistern

lung sowie Hilfe versprechen. Wo Tulsi wächst, kann sich kein böser Geist nähern. Denn es heißt, daß die Pflanze einige Kilometer um sich herum eine Aura der Reinheit verbreite. In der Hand gehalten, vermöge sie sogar vor Blitzschlag zu schützen. Hinduistische Gebetsketten werden vorwiegend aus den verholzten Stengeln und den Samen der Tulsipflanze hergestellt.

Diese senden kräftigende Energieströme aus, wenn man sie trägt, wodurch die Heilung von Krankheiten vorangetrieben werden soll. Auch die Wurzeln des heiligen Basilikums werden als Wundermittel verehrt. Ihr Verzehr soll die Immunabwehr steigern und die Potenz stärken. Da die Tulsipflanze als glücksbringender Talisman gilt, pflanzen die Hindus sie in ihrem Haus an, um die Familie vor Unheil und bösen Geistern zu schützen. Die Pflanze steht für Mut und Kraft; sie wird assoziiert mit dem Weg der Seele in ein neues Leben: der Inkarnation.

Glücksbringender Talisman

Kleiner Exkurs zur Religion der Hindus

Für seine Anhänger ist der Hinduismus mehr als eine Religion, er stellt eine Lebenseinstellung dar. Sie werden ermahnt, keinerlei Gewalt gegen irgendein Lebewesen anzuwenden – und das in Gedanken, Worten sowie Taten. Denn der Gott der Hindus umschließt alles, und er wohnt in sämtlichem Leben. Die Liebe zu Gott und zu allem Lebendigen ist ein grundsätzlicher Glaubenssatz.

Hinduismus Der Hinduismus war lange unter dem Namen »Dharma« bekannt. Erst während des griechischen Geschichtszeitalters wurde der Begriff »Hinduismus« geprägt. Ursprünglich diente er als eine geographische Bezeichnung. Die Griechen und Westasiaten nannten jene Menschen »Indu« oder »Hindu«, die jenseits des Flusses Indu wohnten. Später wurde die Bezeichnung Hindu in Zusammenhang mit der Religion gebraucht und setzte sich in diesem Sinn durch. Seinen Ursprung hat der Hinduismus in den »Vedas« oder »Veden« (sanskr.: Wissen), den heiligen Schriften über Weisheit und Schöpfung. In ihnen sind die Grundsätze von ewigem Leben und Vielfältigkeit verankert. Daraus ent-

Ayurveda wickelte sich die klassische indische Heilkunde, der Ayurveda. Er gilt als das Kernstück des Hinduismus. Selbst wenn sich die Welt verändert, bleibt in der hinduistischen Weltanschauung der Wert des Lebens und seiner Unendlichkeit bestehen. Wahrheit, Liebe, Mitgefühl, die Pflicht und Schuldigkeit gegenüber den Eltern und folgenden Generationen

Ewige Werte wird als ewige Wahrheit des Geistes und des gesamten Lebens betrachtet. Diese Erkenntnisse und Werte sind für die Hindus lebendig und leben für immer. Alles Land, alle Berge und Flüsse gelten als heilig. Dies zeigt sich auch in den unzähligen, über das Land verteilten Tempeln und heiligen Plätzen.

Die hinduistische Gottheit mischt sich unter die Menschen in einer menschlichen Gestalt, um ihnen den richtigen Weg zu zeigen. Sie trägt viele Namen. Und doch kann jeder die Anrede sowie die Art seiner Anbetung und Verehrung frei wählen, denn alle Formen führen zu der einen gesamten Gottheit. Um zu ihrer Bestimmung und der Quelle ihres Seins zu gelangen, durchleben die Menschen viele Wiedergeburten.

Rituale spielen im Hinduismus wie in jeder anderen Religion eine große Rolle. Von den Anhängern wird erwartet, daß sie auch Tiere, Steine, Flüsse oder Pflanzen verehren, da diese als die wahren Dinge gelten. Sie können spirituell die Sicht und die Einstellung der Menschen erhellen. Jeder Hindu zeigt sich mit jeglicher Form von Leben verbunden. Mit der Verehrung der Tulsipflanze bezeugen die Hindus ihre Verwandtschaft mit dem gesamten pflanzlichen Leben. **Rituale**

Ayurveda – die klassische indische Heilkunde

Ayurveda gilt als die älteste bekannte Heilkunde. Überlieferungen zufolge soll sie älter sein als die chinesische und die abendländische Medizin. Ayurveda ist als das Wissen oder die Wissenschaft vom langen Leben zu verstehen (sanskr.: »Ayu« bedeutet Leben bzw. langes Leben, »Veda« Wissen). **Wissen vom langen Leben**

> Um 1000 v. Chr. wurden in den Veden die heiligen Gesänge und Zaubersprüche niedergeschrieben, die das Volk im Industal zelebrierte, um Dämonen zu bekämpfen und Heilung zu bewirken. Aus den Veden entwickelte sich später die ayurvedische Heilkunde; die ersten Priester begannen, Ayurveda zu lehren. Grundsätzlich gilt bei den Hindus auch heute noch, daß kranke Menschen von Dämonen besessen sind, die durch heilige Rituale ausgetrieben werden müssen. Die Wirkung des bösen Geistes wird dabei an ein Tier weitergegeben. Das Tragen von Amuletten und Talismanen, wie beispielsweise solchen, die aus der Tulsipflanze hergestellt sind, sollen die Hindus vor bösen Geistern und Dämonen schützen.

Veden

Die ayurvedische Heilkunde umfaßt die ganzheitliche Betrachtung von Gesundheit, Vorsorge und Gesunderhaltung. Ziel ist ein langes Leben ohne Krankheit und Leiden. Gleichzeitig geht es dabei um das Erlangen einer spirituellen Weitsicht und Bewußtseinserweiterung. Das Bewußtsein wird als eine Energie verstanden, die auf den folgenden fünf

Fünf Grundelemente Grundelementen basiert: Äther, Luft, Feuer, Wasser und Erde. Diese Grundelemente werden jeweils einem der fünf Sinnesorgane des Menschen (Geruch, Geschmack, Tastsinn, Sehen und Hören) zugeordnet. Die Wahrnehmungen über die Sinne betrachtet der Ayurveda als die Offenbarung der kosmischen Energie.

Des weiteren gibt es drei grundlegende Konstitutionstypen, die aus den fünf Elementen abgeleitet wurden. Diese spielen in der ayurvedischen Lehre eine große Rolle: *Vata* verkörpert den Konstitutionstypen **Doshas** Luft, *Pitta* steht für Feuer und *Kapha* für Wasser. Diese *Doshas* oder *Tridoshas*, wie sie auch genannt werden, bestimmen physische sowie psychische Funktionen des Körpers und sind daher für die Grundkonstitution eines Menschen verantwortlich. Vorprogrammiert ist dadurch auch die Veranlagung für bestimmte Krankheiten und Organanfälligkeiten. Nach der ayurvedischen Lehre neigen *Pitta*-Menschen zu Hautproblemen, die durch Störungen im Dünndarm verursacht werden. Schmerzen im unteren Wirbelsäulenabschnitt sowie Blähungen betreffen meist Menschen mit einer *Vata*-Konstitution. Diese Krankheiten haben ihren Ursprung im Dickdarm. *Kapha*-Menschen leiden häufig an Bronchitis, Nasennebenhöhlen- oder Lungenentzündungen, deren Ursachen im Magen liegen.

> Auch die Nahrungsmittel, Gewürze und Kräuter werden den drei Grundprinzipien zugeordnet. Ist ein Mensch erkrankt, können diese daher – je nach Art der Beschwerden – heilend auf den Organismus wirken und das verlorene Gleichgewicht im Körper wiederherstellen. Die Grenzen zwischen Heil- und Nahrungsmittel sind eher fließend.

Basilikum in der ayurvedischen Heilkunde

Unterschiedliche Anwendungsformen Allgemein wird das Basilikum in seinen unterschiedlichen Anwendungsformen als ausgleichendes Mittel für ein gestörtes *Vata*- oder *Pitta-Dosha* empfohlen. In der ayurvedischen Heilkunde setzt man das Kraut bei vielen Beschwerden und Erkrankungen ein. Die Spanne reicht von Erkältungen über Magenbeschwerden bis hin zu Schlangenbissen. Den Verstimmungen und Krankheiten werden sogar spezielle Basilikumarten als Heilmittel zugeordnet. In Kapitel II. finden Sie eine Übersicht über die unterschiedlichen Arten und Sorten sowie deren Charakterisierung.

Mundspülung Eine Mundspülung aus den Blättern von Ocimum americanum beispielsweise wird bei Husten und Heiserkeit verabreicht. Ein Getränk aus den Samen der Pflanze wirkt harntreibend und kühlend.

Ocimum basilicum wird als Mittel gegen Würmer, Gicht und Magenverstimmungen eingesetzt. Es erleichtert das Abhusten und gilt als allgemein stimulierend. Die Wurzel vermag Fieber zu senken, die Blätter hingegen helfen bei Ohrenschmerzen, Haut- und Lungenkrankheiten. Aus den Samen fertigen die Heilkundigen Medikamente und Tinkturen gegen Kopfschmerzen, Stirnhöhlenvereiterungen, Harn- und Nierenprobleme, Verstopfung und Epilepsie. Je nach Krankheit werden zu unterschiedlichen Anteilen weitere Heilpflanzen beigemischt.

Stimulierende Wirkung

Mit Ocimum gratissimum bereitete Rheumabäder wirken sich wohltuend auf die schmerzenden Gelenke aus. Umschläge und Kompressen aus der Pflanze werden bei Hauterkrankungen angewandt. Selbst Geschlechtskrankheiten und Nervenschmerzen erfahren Heilung durch diese Pflanze.

Als Mittel gegen Verstauchungen und Schmerzen wird Ocimum kilimandscharicum eingesetzt.

Wirksam gegen Verstauchungen und Schmerzen

Am häufigsten verwendet die ayurvedische Heilkunde jedoch das heilige Basilikum: Tulsi. Dieser Pflanze wird eine große Kraft und Wirkung zugeschrieben. Bei Malaria verwendet man die Wurzel, um eine schweißtreibende Auflage herzustellen. Die Blätter gelten als allgemein stimulierend; ein Sud aus ihnen erleichtert das Abhusten. Bei Verstopfung, Durchfall, Erkältungen, bei Würmern, Ohrenschmerzen, Hautproblemen und vielen anderen Leiden wird die Pflanze weit über Indiens Grenzen hinaus erfolgreich eingesetzt.

Basilikum in der Antike und im Mittelalter

Verfolgt man die Geschichte der Pflanzenheilkunde, so scheint sie ebenso alt zu sein wie die Menschheit selbst. Bereits die Steinzeitmenschen widmeten ihre Aufmerksamkeit der Erforschung von Pflanzen und Tieren. Als Ackerbau und Viehzucht einsetzten, fingen die Menschen an, sich auch mit den Eigenschaften von Kräutern zu beschäftigen. Sie gaben ihr Wissen von Generation zu Generation weiter, bis schließlich die ersten Schriften über die Heilwirkungen von Pflanzen entstanden.

Erforschung von Pflanzen und Tieren

In der Frühzeit Ägyptens (ca. 3000–2700 v. Chr.) gingen die Menschen davon aus, daß Krankheit etwas mit Dämonen und Totengeistern zu tun habe. Fieberhafte Erkrankungen, Kopfschmerzen oder Geisteskrankheiten galten als Bestrafung der Götter für Verstöße gegen die göttlichen Gesetze. In solchen Fällen gab es zahlreiche Rituale, um den Betroffenen von seinen Qualen zu befreien. Die erzürnten Gottheiten mußten durch Opfergaben und Gebete wieder beruhigt werden, damit die Heilung einsetzen konnte. So waren es zur Zeit der Pharaonen die

Krankheit als Strafe der Götter

Erste medizinische Therapieformen

Priester, die sich mit der Heilung der Kranken befaßten. Neben der magischen Art des Heilens gab es bereits medizinische Therapieformen. Erste Rezepturen für Heilmittel stammen aus den Jahren 2100 bis 2000 v. Chr. Auf sumerischen Tontäfelchen wurden ärztliche Anweisungen entdeckt. Eine umfangreichere Sammlung von Rezepten mit Heilkräutern fand sich in der assyrischen Hauptstadt Ninive in der Bibliothek des Königs Assurbanipal (669–627 v. Chr.). Diese Rezepte enthalten neben dem Basilikum eine Vielzahl von Pflanzen, deren Wurzeln, Samen, Blüten und Früchte, mit Ölen und Wasser gemischt, zu Tinkturen und heilenden Salben verarbeitet wurden. Diese Aufzeichnungen zeigen uns, für wie bedeutsam die Menschen damals Pflanzen in Religion und Medizin hielten und wie groß der Glaube an deren Wirkung sowie Kraft war. So fanden sich in ägyptischen Grabstätten häufig Kränze aus Basilikum, die die Toten vor Dämonen und bösen Geistern schützen sollten.

Basilikum schützt vor dem Fabelwesen Basilisk

> In Rom war das Kraut wegen seiner Heilwirkung und als Gewürzpflanze sehr geschätzt. Nicht umsonst erhielt es den Namen Königskraut. Das Wort Basilikum leitet sich von dem lateinischen »basilicus« und dem griechischen »basilikós« ab, was beides »königlich« bedeutet. In altertümlichen Übersetzungen kann man gelegentlich lesen, daß das Basilikum vor dem Fabelwesen Basilisk, der über einen tödlichen Blick sowie einen Gifthauch verfügte, schützen sollte.

Der griechische Arzt Hippokrates (460–377 v. Chr.), der als Begründer der wissenschaftlichen Heilkunde gilt, beschreibt in seinem Werk *Corpus Hippocraticum* ungefähr 200 Heilpflanzen mit ihrer Bedeutung für Gesundheit und Krankheit. Er war überzeugt von der gesunderhaltenden Wirkung einer richtigen Ernährung, wobei das Basilikum eine positive Rolle spielte. Auch der Philosoph und Naturforscher Theophrast von Eresos (372 bis 287 v. Chr.), ein Schüler von Aristoteles, wußte von der Heilwirkung des Basilienkrauts. Theophrast gilt als der Vater der Botanik. Er entwickelte die Formenlehre und die Lehre von den Lebensvorgängen in Pflanzen.

Pedanios Dioskurides

Der römische Arzt Pedanios Dioskurides (um 50 n. Chr.) behandelt in seinem fünfbändigen Werk *De materia medica* über 600 unterschiedliche Heilpflanzen. Dieses Werk, in dem auch das Basilikum vorkommt, galt rund 16 Jahrhunderte lang als maßgeblich für die Naturwissenschaft. Dioskurides bereiste als Militärarzt im 1. Jahrhundert auf römischen Kriegsschiffen viele Mittelmeerländer. Hierbei lernte er das Basilikum kennen. Obwohl er es durchaus als Gewürz- und Heilmittel schätzte, berichtete er aber auch, daß es den Augen Schaden zufügen könne, wenn es in zu großen Mengen eingenommen würde.

Plinius Secundus der Ältere

Plinius Secundus der Ältere (23–79 n. Chr.), einer der bedeutendsten Geschichtsschreiber seiner Zeit, berichtet zunächst nichts Gutes: Die Ziegen würden das Basilikum verschmähen, also sei es schädlich für Magen, Harn und Augen. Außerdem beschwöre es Schlafsucht und Verwirrung herauf. Mit einem Stein bedeckt, wäre es gar in der Lage, einen Skorpion zu erzeugen. Doch dem nicht genug: Gekautes Basilikum in die Sonne gelegt, würde Würmer hervorbringen. Wer an dem Tag, an dem er Basilikum verzehrt habe, von einem Skorpion gestochen werde, der könne nicht mehr gerettet werden. Schaurige Geschichten, von denen man später glaubte, sie gingen auf den intensiven Duft des Basilikums zurück, der gelegentlich als streng empfunden wurde. In vielen antiken Religionen galt ein starker, unangenehmer Geruch nämlich als Zeichen böser Geister. Erst später erkannte Plinius, daß diese schlechten Eigenschaften, die dem Basilikum nachgesagt wurden, wahrscheinlich durch Fehler bei den Übersetzungen von griechischen und römischen Schriften entstanden waren. Flüchtigkeitsfehler machten aus dem Pflanzennamen »basilicum« schnell »basiliscus«, das Fabelwesen Basilisk.

Naturalis historiae

So können wir in Plinius' Schriften, vor allem in dem wohl umfassendsten Werk auf dem Gebiet der Naturheilkunde, der *Naturalis historiae* – einer 37bändigen Schrift, von der sich allein zwölf Kapitel mit Heilkräutern beschäftigen, ebenfalls lesen, daß die folgenden Generationen von diesen angeblich schlechten Eigenheiten des Basilikums nichts zu berichten wußten. Wie Plinius schreibt, könne das Kraut mit Wein und Essig kombiniert Skorpionstiche heilen – und nicht nur das: »... *stomacho quoque utile, inflationes ructu dissolvere ex aceto sumptum, alvum sistere inpositum, urinam ciere;* ...« (»Basilikum ist gut für den Magen und mit Essig zusammen eingenommen, vermag es durch Aufstoßen von Blähungen befreien, als Auflage bereitet schützt es vor Durchfall und ist harntreibend; ...«). Viele andere Beschwerden wurden damals mit Basilikum zu heilen versucht. Dabei trat eine wilde Sorte des Basilikums in den Vordergrund, die noch wirksamer zu sein schien als die kultivierte Form. Sie wurde bei Gebärmutterabszessen und zur Vorbeugung gegen Tierbisse verabreicht.

Galenos

Hildegard von Bingen, eine der bekanntesten Heilkundigen

Als Heilmittel zur inneren Anwendung beschrieb auch der Arzt und Schriftsteller Galenos (Galen, 129–199 n. Chr.) das Basilikum. Ihm ist die erste medizinische Klassifikation von Pflanzen zu verdanken. Galenos wurde in Pergamon geboren, lebte und wirkte aber später hauptsächlich in Rom, wo er zum Leibarzt von Kaiser Marc Aurel ernannt wurde. Insgesamt verfaßte er elf Bücher über Pflanzen und ihre Heilkunde.

Bei plötzlich auftretenden Sprachstörungen oder beim Verlust der Sprache empfahl im 12. Jahrhundert die heilige Hildegard von Bingen (1098–1179) das Basilikum. In Gärten und in Tontöpfen wurde das Kraut in den Klöstern gezogen und zur Heilung angewendet. Hildegard von Bingen vertrat eine ganzheitliche Denkweise und behandelte selbst kranke Menschen. Nach ihrer Pflanzenheilkunde bereiteten viele Mönche Arzneimittel zu und wandten diese an. In den Klostergärten wurden die Pflanzen gezüchtet, die als Zutaten in der Medizin Anwendung fanden. So konnten die Mönche sich auch in diesem Bereich selbst versorgen. In den Heilkräutergärten hatte das Basilikum seinen festen Platz. Das Basilienkraut, wie es auch genannt wird, galt allgemein als harn- und blähungstreibend und wurde gegen Lungen- sowie Augenkrankheiten eingesetzt.

Albertus Magnus

Albertus Magnus, ein Dominikanermönch, prägte im 13. Jahrhundert die Gestaltung des zu dieser Zeit üblichen Duftkräutergartens. Er legte die genaue Anordnung der Kräuter innerhalb des Klostergartens fest. Das Basilikum beschrieb er als süß duftende Pflanze und als Symbol der Fruchtbarkeit.

Giovanni Boccaccio

Eine interessante und etwas andere Darstellung des Basilikums finden wir bei Giovanni Boccaccio (1313–1375), einem italienischen Schriftsteller. Er erzählt in »Decamerone« (fünfter Teil, vierter Tag) die Geschichte der unglücklich verliebten Tochter eines reichen Kaufmanns. Weil ihr Liebhaber nicht standesgemäß war, wurde er von ihren Brüdern umgebracht und im Wald vergraben. Eines Nachts hatte die junge Frau eine Eingebung, ging an die Stelle und grub ihren Liebsten aus. Sie nahm nur seinen Kopf, den sie in ein Tuch wickelte, mit nach Hause und legte diesen in einen Topf, bedeckte ihn mit Erde und pflanzte Basilikum hinein. Nur mit ihren Tränen wässerte sie die Pflan-

III. Basilikum genauer betrachtet: die Inhaltsstoffe

Ätherisches Öl: dufte Kraft aus dem Blatt

Ätherische Öle sind komplexe pflanzliche Stoffgemische, die vom Menschen über den Geruchssinn wahrgenommen werden. Seit Jahrhunderten werden ihre positiven Eigenschaften in der Heilkunde genutzt, vor allem in der Aromatherapie haben sie ihren festen Platz. Ätherische Öle stellen die konzentrierte Form ihrer Ursprungspflanze dar und eignen sich deshalb besonders zur Heilbehandlung. Weiterhin werden sie bei der Herstellung von Parfüm als Basisstoffe eingesetzt.

Nutzung der positiven Eigenschaften zur Heilbehandlung

Das Öl des Basilikums wird aus den Blättern der Pflanze gewonnen. Die am häufigsten angewendete und ökonomischste Methode dafür ist die Extraktion. Mit Hilfe von Alkohol oder einem chemischen Lösungsmittel werden die Aromastoffe aus den Blättern herausgelöst.

Das ätherische Basilikumöl setzt sich aus unterschiedlichen Aromastoffen und chemischen Verbindungen zusammen, die je nach Art und Sorte variieren. Daher unterscheiden sich die einzelnen Öle in Geruch und Geschmack deutlich. Die Farbe des ätherischen Basilikumöls ist gelblich.

> Der Anteil an ätherischen Ölen in den frischen Blättern der Pflanze liegt insgesamt bei 0,5 bis 1,5 Prozent; er schwankt je nach Lichteinfluß. Zu den häufig vertretenen Aromastoffen zählen: Linalool (aromatisch, lakritzartig), Methylchavicol (süßlich, anis- und fenchelähnlich), Eugenol (nelkenartig) und Methyleugenol (warm, würzig).
> Ocimum canum enthält zusätzlich die Aromastoffe Citral (zitrusartig) und Campher (typisches Kampferaroma). Zur Kampfergewinnung baut man solche Sorten an, die bis zu 70 Prozent Campher aufweisen. Ebenfalls einen hohen Anteil dieses Inhaltsstoffs besitzt die Art Ocimum kilimandscharicum. Bei der Art Ocimum viride sorgt der Bestandteil Thymol, ein Aromastoff, für das typische Thymianaroma. Bei Zimtbasilikum überwiegt der Aromastoff Methylcinnamat (zimtähnlich), bei Zitronenbasilikum das 1,8-Cineol (zitrusartig).

Hauptbezugsquellen Die Hauptbezugsquellen für ätherisches Basilikumöl sind Europa und Ägypten. Das europäische Produkt wird aus dem süßen Basilikum hergestellt und gilt aufgrund seines vollen, abgerundeten Duftes als das edelste der ätherischen Basilikumöle.

Die Anwendung des ätherischen Basilikumöls sollte grundsätzlich nur äußerlich erfolgen. Wie bei allen therapeutisch wirksamen Substanzen kommt es hier ebenfalls vor allem auf die richtige Dosierung an. Auch ein Zuviel an ätherischen Ölen kann schaden.

Gerbstoffe: keimtötend und wundheilend

Zu den Gerbstoffen zählen Pflanzenwirkstoffe, die Eiweißstoffe der Haut oder Schleimhäute binden können. Dabei entstehen widerstandsfähige, unlösliche Stoffe. Gerbstoffen wird eine gesundheitsfördernde und krankheitsvorbeugende Wirkung zugeschrieben.

Namensgebung Ihren Namen erhielten die Gerbstoffe wegen ihrer ursprünglichen Verwendung: Sie wurden zum Gerben von Leder eingesetzt. Auch in der Heilkunde werden ihre Eigenschaften genutzt. Gerbstoffe wirken vorwiegend auf den Mund- und Nasenschleimhäuten sowie den Magen-Darm-Schleimhäuten. Hier bekämpfen sie Bakterien und andere **Schutzfilm** unerwünschte Eindringlinge; es bildet sich ein Schutzfilm über das **für das** Gewebe. Allgemein gelten Gerbstoffe als zusammenziehend und anti-**Gewebe** bakteriell, zudem wird ihnen eine positive Wirkung auf das Immunsystem zugesprochen.

Flavonoide: Helfer beim Heilen

Flavonoide gehören zu einer Gruppe von meist gelb gefärbten sekundären Pflanzenstoffen, die in ätherischen Ölen, Stengeln oder Blättern vorkommen. Heilmedizinisch angewendet werden sie bei Venenerkrankungen, Durchblutungsstörungen und Lebererkrankungen. Sie **Positive** wirken sich positiv auf die Durchlässigkeit, aber auch auf die Stabilität **Wirkung auf** von Blutgefäßen aus. Daher werden sie zur Behandlung von hohem **Blutgefäße** Blutdruck und bei Neigung zu blauen Flecken eingesetzt.

Darüber hinaus werden ihnen, wenn man sie in größeren Mengen einnimmt, schmerzlindernde und heilungsfördernde Eigenschaften zugesprochen. Zudem binden sie Schwermetalle im Körper und können normalisierend auf Zellvorgänge wirken.

Weitere Heilsubstanzen

Vitamine, Mineralstoffe und Spurenelemente

Basilikum enhält viele wertvolle Stoffe, die wichtig für den Organismus sind. Wenn auch sicherlich nicht der Tagesbedarf an Vitaminen, Mineralstoffen und Spurenelementen allein durch Basilikum gedeckt werden kann, trägt das Kraut sicher seinen Teil dazu bei. In zehn Gramm frischem Basilikum sind enthalten (Angaben in Prozent der täglich empfohlenen Menge in absteigender Reihenfolge):

Wertvolle Stoffe für den Organismus

8% Vitamin A – das »Vitamin für die Augen«. Es erhält zudem die Funktion der Haut und Schleimhäute, ist darüber hinaus am Knochenaufbau beteiligt.
3% Mangan – Bestandteil von Enzymen, hilft beim Aufbau von Knochengewebe und ist wichtig für die Insulinwirkung.
3% Vitamin C – steigert nicht nur die körpereigene Abwehr, sondern sorgt gleichermaßen für eine verbesserte Eisenaufnahme im Körper. Es zählt zu den Antioxidantien und ist ein Radikalenfänger.
2% Ballaststoffe – sorgen für eine gesunde Darmflora.
2% Eisen – zuständig für den Sauerstofftransport im Blut und Bestandteil lebenswichtiger Enzyme, die unter anderem für die Energiegewinnung verantwortlich sind.
2% Folsäure – notwendig für die Zellerneuerung und außerdem an der Eisen- sowie Blutbildung beteiligt.
2% Kalzium – wichtig für den Erhalt von Knochen und Zähnen sowie für die Blutgerinnung.
2% Magnesium – ein wichtiger Baustein für die Knochen, zudem an der Energiegewinnung beteiligt und von Bedeutung bei der Erregungsleitung von Nerven und Muskeln.
1% Kupfer – wichtiger Bestandteil von Enzymen und zur Blutbildung notwendig. Außerdem ist es am Eisenstoffwechsel beteiligt.
1% Natrium – von Bedeutung für Nerven und Muskeln, zudem aktiviert es verschiedene Enzyme.
1% Phosphor – ist wichtig für den Aufbau des Stützapparats und bei der Energiegewinnung und -übertragung. Zusätzlich an der Übermittlung der Erbanlagen beteiligt.
1% Vitamin B_6 – beeinflußt das Nervensystem und die Immunabwehr, außerdem an der Blutbildung beteiligt.
1% Zink – spielt für das Gewebewachstum und die Immunabwehr eine große Rolle. Es ist darüber hinaus an der Lagerung des Insulins beteiligt.

Vitamin C

Natrium

Saponine

<small>Erleichterung bei bronchialen Beschwerden</small>

Als Saponine bezeichnet man pflanzliche Zuckerverbindungen. Auch sie gehören zu den sekundären Pflanzenstoffen. In Wasser gelöst, bilden sie einen festen Schaum. Ihre Fähigkeit, festsitzenden Schleim zu verflüssigen, erleichtert das Abhusten bei bronchialen Beschwerden. Saponine helfen außerdem bei Hauterkrankungen und wirken sowohl pilzbekämpfend (fungizid) als auch krebsvorbeugend (antikanzerogen). Darüber hinaus tragen sie zur verbesserten Resorption anderer Heilwirkstoffe im Körper bei. Eine zu hohe Dosis kann allerdings die Magenschleimhaut reizen und zu Durchfall führen.

Ursolsäure

In Basilikum sind geringe Mengen von Ursolsäure enthalten. Sie ist Bestandteil einer chemischen Verbindung, die in Pflanzen und Kräutern vorkommt. Ihre entzündungshemmende und antimikrobielle Wirkung macht sie zu einem wertvollen Zusatzstoff für Cremes und Salben, der auch in der Kosmetikindustrie verwendet wird.

IV. Vom Gebrauch des Basilikums – Anwendungsgebiete von A–Z

Basilikum wird in der Naturheilkunde und Volksmedizin in unterschiedlichen Anwendungsformen eingesetzt. Die hier beschriebenen Heilanwendungen basieren zum Teil auf jahrhundertelanger Erfahrung, besonders aus der ayurvedischen Medizin, zum Teil auf Ergebnissen wissenschaftlicher Forschungsarbeiten. Mit ihnen können Sie die wohltuende Wirkung von Basilikum auf Magen, Darm sowie Geist nutzen und viele unterschiedliche Beschwerden lindern.

Wohltuende Wirkung des Basilikums

> **Warnhinweis**
> Basilikum darf nicht über einen längeren Zeitraum oder in hohen Dosen angewendet werden, ohne daß ein Arzt oder Fachmann auf dem Gebiet der Kräuterheilkunde konsultiert wird. Nur die richtige Dosierung verschafft Linderung, ein Zuviel kann schädlich sein. Auch von einer unkontrollierten Selbstbehandlung mit ätherischem Basilikumöl muß dringend abgeraten werden. Grundsätzlich sollte ätherisches Basilikumöl nicht während der Schwangerschaft eingesetzt werden, da es Mutter und Kind schaden könnte.
> Wenden Sie sich bei starken oder länger anhaltenden Beschwerden und Erkrankungen unbedingt an einen Arzt oder Naturheilpraktiker.

Anwendungsformen des Basilikums

Verwendete Abkürzungen
TL = Teelöffel
EL = Eßlöffel
g = Gramm
l = Liter

Tee

Naturheilmittel werden in vielen Fällen als Tee verabreicht

Die am meisten verbreitete Form, in der Naturheilmittel verabreicht werden, ist der Tee. Sie können ihn aus frischem oder getrocknetem Basilikum kochen. Die größte Wirksamkeit erzielt man, wenn man den Tee einige Minuten zugedeckt ziehen läßt. Dies verhindert, daß sich die ätherischen Öle verflüchtigen, so daß sie in möglichst hoher Konzentration erhalten bleiben. Basilikumtee kann sowohl innerlich als auch äußerlich angewendet werden. Nehmen Sie ihn in kleinen Schlucken zwischen den Mahlzeiten zu sich. Zur äußerlichen Anwendung wird er bei Dampfinhalationen, Bädern, Massagen und Kompressen eingesetzt.

■ Grundrezept
2 TL getrocknetes oder ca. 10 Blättchen frisches Basilikum entweder einzeln oder gemischt mit anderen Kräutern auf 1/4 l siedendes Wasser geben und 10 Minuten ziehen lassen, anschließend abseihen. 2–3 Tassen über den Tag verteilt schluckweise zwischen den Mahlzeiten trinken. Nach Belieben kann der Tee mit Honig gesüßt werden (gilt nicht für Diabetiker).

Vollbad

Bäder wirken stimmungsaufhellend

Aromatische Bäder wirken sich allgemein gut auf die Stimmung aus. Sie können sie sowohl mit Basilikumblättern als auch mit Basilikumöl zubereiten. Es empfiehlt sich jedoch, nur wenige Tropfen Öl in das Badewasser zu geben, da bei empfindlicher Haut Reizungen auftreten können.

■ Zubereitung
Eine Handvoll frische Basilikumblätter in 35–38 °C warmes Badewasser geben. Wer getrocknete Blätter oder eine Kräutermischung ver-

wenden möchte, füllt diese in ein durchlässiges Stoffsäckchen, das mit etwa 1/2 l kochendem Wasser übergossen wird. Das Ganze 10 Minuten ziehen lassen, dann in das Badewasser legen.

Ein Vollbad läßt sich auch hervorragend mit ätherischem Basilikumöl zubereiten. Dafür mischt man einfach ein paar Tropfen ätherisches Öl mit etwas Milch oder Sahne, damit es sich im Badewasser besser verteilt und die Haut nicht reizt.

Ätherisches Öl für ein Bad

Inhalation und Dampfbad

■ Zubereitung

In einer geeigneten Schüssel auf eine Handvoll frische Basilikumblätter 1/2 l bis 1 l siedendes Wasser gießen. Dann Kopf und Schüssel mit einem Tuch bedecken und durch Mund oder Nase die aufsteigenden Dämpfe für 5 – 10 Minuten einatmen.

Für die Zubereitung mit Basilikumöl gibt man 5 Tropfen davon in eine Schüssel mit kochendem Wasser. Auch hierbei ein Tuch über Kopf und Schüssel ausbreiten und wie gerade beschrieben die Dämpfe tief einatmen.

Kompressen, Umschläge und Auflagen

Mit Kompressen, Umschlägen und Auflagen konzentrieren Sie die Wirkstoffe der ätherischen Öle direkt an der betroffenen Körperstelle. Dort entfalten sie ganz gezielt ihre Wirkung, was sich durch Wärme oder Kälte noch verstärken läßt. Heiße Kompressen mit Basilikumöl beispielsweise helfen gegen Schmerzen und Entzündungen, kalte bei Verstauchungen, Prellungen oder bei Kopfschmerzen.

Konzentration der Wirkstoffe

■ Zubereitung

Für heiße Kompressen schüttet man heißes Wasser in eine Schüssel und gibt ca. 4 – 5 Tropfen ätherisches Basilikumöl dazu. Ein sauberes Baumwolltuch wird mehrmals gefaltet, in das Wasser getaucht, ausgewrungen und auf die schmerzende Stelle gelegt. Für kalte Umschläge verwenden Sie entsprechend eiskaltes Wasser.

Für Umschläge und Auflagen bereiten Sie einen Tee nach dem Grundrezept zu. Watte, Mulltupfer oder -binde damit tränken, leicht ausdrücken und auf die entsprechende Körperstelle legen. Mit einem Verband fixieren und für ein bis zwei Stunden dort belassen, wenn nötig mit Tee nachbefeuchten.

Schmerzlindernde Wirkung

Man kann auch 2–3 Tropfen ätherisches Basilikumöl mit einem hautfreundlichen Trägeröl, z. B. Mandel- oder Traubenkernöl, mischen und die betroffenen Stellen damit betupfen. Für eine großflächigere Anwendung einen Wattebausch oder ein Stück Stoff mit der Flüssigkeit tränken und auflegen.

Großflächige Anwendung

Mundspülung und Gurgellösung

■ Zubereitung
Gießen Sie 6 g Basilikumblätter und blühende Sproßspitzen (z. B. Zitronenbasilikum, Ocimum americanum) mit 100 ml warmem Wasser auf.

■ Anwendung
Mit dieser Lösung mehrmals täglich den Mund ausspülen oder mehrere Minuten gurgeln. Das Basilikum entfaltet dann seine antibakterielle und wundheilende Wirkung.

Mehrmals täglich anwenden

Aromatherapie

Allgemein gilt ätherisches Basilikumöl als stärkend und stimulierend für Körper und Organfunktionen (tonisierend), es führt zu klarem Denken sowie zu erhöhter geistiger Aktivität (kephaloaktiv). Außerdem ist es menstruationsfördernd (emmenagogisch) und schweißtreibend (sudorifer).

Gut für Geist und Organfunktionen

■ Anwendung
Einige Tropfen ätherisches Basilikumöl in die mit Wasser gefüllte Schale der Duftlampe geben. Wenn Sie das Teelicht anzünden, breitet sich der Duft im Raum aus und kann so seine Wirkung entfalten.

Massagen

Besonders wohltuend sind Massagen. Allerdings kann das unverdünnte ätherische Öl die Haut stark reizen. Deshalb gibt man 2–3 Tropfen davon auf ein pflanzliches Trägeröl, z. B. Mandel-, Traubenkern- oder Sojaöl, bevor man es für die Massage verwendet.

Wohltuende Massagen

Cremes, Lotionen, Duftwässer

Auch verschiedene Cremes, Lotionen und Duftwässer, denen ätherisches Öl zugefügt wurde, sind erhältlich. Die Wirkstoffe werden direkt über die Haut aufgenommen und tragen zu einem gesunden Aussehen bei. Sie können auch neutrale Produkte kaufen und selbst einige Tropfen Basilikumöl hinzufügen.

Akne

Akne bedeutet, daß die Talgdrüsen der Haut verstopft sind und sich dadurch entzünden. Diese Erkrankung tritt vorwiegend im Gesicht und am Rücken auf. Die betroffenen Stellen röten sich und schwellen an, ganze Hautpartien jucken und schmerzen. Daher sollten sie besonders vorsichtig behandelt werden.

Vorsicht bei der Behandlung

! Für eine leichte Form der Akne ist eine Selbstbehandlung geeignet, bei schweren Fällen ist jedoch unbedingt ein Fachmann hinzuzuziehen.

Kompressen

Bereiten Sie eine Basilikumkompresse, und betupfen Sie mehrmals täglich die betroffenen Hautstellen.

Ayurvedischer Ansatz

Ein Gesichtstonikum, vorwiegend aus Ocimum basilicum und Ocimum sanctum hergestellt, wird mehrmals täglich auf die Hautstellen aufgetragen.

Allergie

Bei einer Allergie reagiert der Körper auf einen in Normalfall unschädlichen Reiz. Man spricht auch von einer Überempfindlichkeit gegen bestimmte Stoffe, auf die der Körper mit geröteten Hautstellen oder Juckreiz reagiert. Allergien, die aufgrund von Unverträglichkeit gegenüber bestimmten Lebensmitteln auftreten, äußern sich meist durch Übelkeit und Durchfall.

Überempfindlichkeit

> In jedem Fall ist beim Auftreten einer Allergie ein Fachmann zu Rate zu ziehen.

Ayurvedischer Ansatz

Mit einer Mischung aus ätherischem Öl von Ocimum sanctum und Limonensaft werden die entsprechenden Hautstellen betupft.

Die Wissenschaftler S. Banerjee et al. entdeckten in Tieruntersuchungen mit Ocimum sanctum (Tulsi), daß besonders ein Inhaltsstoff, die Ursolsäure, einen antiallergischen Effekt besitzt.

[Randnotiz: Ursolsäure]

Appetitlosigkeit

Verschiedene Ursachen können zu Appetitlosigkeit führen. Sofern keine ernsthafte Erkrankung zugrunde liegt, sondern lediglich ein vorübergehender Appetitmangel, kann man mit einer heißen Basilikumsuppe (s. S. 85) oder einem Salat mit Basilikumöl (s. S. 73) Abhilfe schaffen.

Aromatherapie

Lassen Sie – wie unter Aromatherapie beschrieben – den Duft des Basilikumöls auf sich wirken.

Asthma

Bei Asthma kommt es zu Atembeschwerden, die aufgrund von Muskelkrämpfen in den Bronchien entstehen. Dadurch kann die Luft beim Ausatmen nicht ungehindert passieren, was zu den typischen Pfeiftönen führt. In der Lunge bildet sich Schleim, der das Atmen zusätzlich erschwert. Kleinste Partikel in der Luft können einen Asthmaanfall auslösen.

[Randnotiz: Schleimbildung]

> Einige Formen von Asthma zählen zu den psychosomatischen Krankheiten, in einem solchen Fall müssen neben den körperlichen Symptomen auch die psychischen Ursachen geklärt werden.

Tee

Basilikumtee, nach dem Grundrezept zubereitet, kann sich lindernd auf die Bronchien auswirken und die Atemwege befreien.

Augen, entzündete

Die Ursachen für entzündete und ermüdete Augen sind unterschiedlich. Durch langes, konzentriertes Arbeiten oder äußere Reize wie Durchzug können sich die Augen röten, und sie beginnen zu brennen oder zu jucken. Um entzündete Augen zu beruhigen, wurde früher eine Mischung aus zerstoßenem Basilikum, Gerstenmalz, Rosenöl und Essig als Auflage benutzt. In Kombination mit Augentrost und Kamille oder Ringelblumen kann Basilikum auch heute sanfte Linderung verschaffen.

Beruhigung gereizter Augen

Kompresse

1 EL Basilikumblätter, 1 EL Augentrost und 1 EL Kamillenblüten oder Ringelblumen mit 1/4 l kochendem Wasser übergießen. Nach 10 Minuten die Kräuter abseihen und den Aufguß auf etwa 20 °C abkühlen lassen. Tauchen Sie ein sauberes Baumwolltuch oder ein Stück Watte ein, und legen Sie es auf Ihre geschlossenen Augen. Wiederholen Sie die Anwendung 3mal, und gönnen Sie sich anschließend ungefähr eine Viertelstunde Ruhe.

Eine Kompresse mit verschiedenen Kräutern beruhigt gereizte Augen

Blähungen

Manche Menschen neigen von ihrer Konstitution her eher zu Blähungen als andere. Das kann sowohl nervöse als auch ernährungsbedingte Ursachen haben. Nahrungsmittel wie Zwiebeln, Hülsenfrüchte und Kohl gelten allgemein als blähend. Spätabends noch üppig zu essen und hastig zu schlingen, sollte besser vermieden werden. Basilikum, unter die Speisen gemischt, verbessert deren Verdaulichkeit. Außerdem

Basilikum verbessert die Verdaulichkeit

zählt es zu den blähungstreibenden Heilpflanzen. Dies bedeutet, daß es in der Lage ist, die im Darm gebildeten Gase abzuleiten und Verdauungsstörungen zu beseitigen.

Tee

Basilikumkur   Bereiten Sie einen Basilikumtee nach dem Grundrezept zu. Um Basilikumtee als Kur gegen Blähungen einzusetzen, trinkt man 2mal täglich eine Tasse über einen Zeitraum von 8 Tagen. Danach legt man eine Pause von 14 Tagen ein und trinkt nochmals 8 Tage lang 2mal täglich eine Tasse.

Massage

2–3 Tropfen ätherisches Basilikumöl auf 2–3 EL pflanzliches Öl, z. B. Mandelöl, geben. Damit den Unterleib im Uhrzeigersinn massieren.

Blasenentzündung

Bakterielle Infektion   Bei einer Blasenentzündung handelt es sich meist um eine bakterielle Infektion, die sich, wenn sie nicht gleich behandelt wird, zu einer Nierenbeckenentzündung bis hin zu einer gefährlichen Nierenerkrankung ausweiten kann.

! In jedem Fall ist der Gang zum Arzt unvermeidlich.

Ayurvedischer Ansatz

In der hinduistischen Heilkunde gilt ein Aufguß aus den Samen von Ocimum americanum als harntreibend und kühlend.

Bronchitis

Akute und chronische Bronchitis   Bronchitis ist eine Infektionskrankheit, bei der sich die Schleimhaut der Bronchien durch äußere Reize entzündet. Unterschieden wird zwischen der akuten und der chronischen Form. Die erste ist meist von Fieber, starkem Husten und schleimigem Auswurf begleitet. Eine chronische Bronchitis verläuft ohne Fieber, allerdings wird ständig Schleim abgehustet, da die Lunge zuviel davon produziert. Ziel einer Behandlung ist das Lösen und leichtere Abhusten des Schleims, damit die Lunge wieder frei wird. Ätherisches Basilikumöl gilt als schleimlösend und kann neben der ärztlichen Behandlung für Linderung sorgen.

Inhalation

Führen Sie mehrmals täglich eine Basilikuminhalation durch.

Bad

Bereiten Sie nach dem Grundrezept ein Basilikumbad zu, und atmen Sie die aufsteigenden Dämpfe ein.

Massage

2–3 Tropfen ätherisches Basilikumöl auf 2–3 EL pflanzliches Öl, z. B. Mandelöl, geben, Brustkorb und Halsbereich damit einmassieren.

Dengue-Fieber

Diese tropische Infektionskrankheit wird durch Mücken übertragen. Sie äußert sich durch einen plötzlichen Fieberanstieg mit Erbrechen, Muskel- sowie Gelenkschmerzen. In der hinduistischen Heilkunde wird der Saft der Basilikumblätter als fiebersenkend gepriesen.

Übertragung durch Mücken

Depressionen

Depressionen können vielfache Ursachen haben. Sie stellen eine ernstzunehmende Krankheit dar, die der Behandlung eines fachkundigen Arztes bedarf. Depressive Patienten neigen zu extremen Stimmungsschwankungen, in den meisten Fällen kommen Angstzustände hinzu. Neben der medizinischen Behandlung können besonders bei Herbst- und Winterdepressionen stimmungsaufhellende ätherische Öle eingesetzt werden. Bei dieser Form von Depression fühlen sich die Betroffenen wegen der geringeren Sonnenstrahldauer antriebslos und sowohl körperlich als auch seelisch unausgeglichen. Bestimmte Hormone

Herbst- und Winterdepression

werden vom Körper nur im Zusammenhang mit Sonneneinwirkung produziert. Bei Lichtmangel bildet der Körper weniger Serotonin, ein Neurotransmitter, der für die Stimmungslage mitverantwortlich ist.

Aromatherapie

Lassen Sie – wie unter Aromatherapie beschrieben – den Duft des Basilikumöls auf sich wirken.

Diabetes

Bei Diabetikern produziert die Bauchspeicheldrüse nicht genügend Insulin, das zur Regulation des Blutzuckerspiegels notwendig ist. Daher ist der Patient in seiner Nahrungsauswahl eingeschränkt. Basilikum gilt als ein Kraut, das in den Speisen nicht nur gut schmeckt, sondern sich auch für Diabetiker eignet.

Studie zur Wirksamkeit Dies zeigt sich unter anderem in hierzu durchgeführten Studien von Dhar et al. 1968, Giri et al. 1987, Palit et al. 1983. In einem Tierversuch wurde die Wirkung des heiligen Basilikums (Ocimum sanctum) auf den Typ II (nichtinsulinabhängige) Diabetes untersucht. Dabei konnte ein Zusammenhang zwischen dem Verzehr von Basilikum und einer niedrigeren Blutzuckerkonzentration festgestellt werden.

! Diabetes gehört jedoch trotz dieser positiven Entwicklungen in die Behandlung eines Facharztes.

Durchfall

Bei Durchfall handelt es sich um eine Verdauungsstörung, bei der häufiger, wäßriger Stuhl auftritt. Funktioniert die Verdauung, wird dem Speisebrei bei der Darmpassage Flüssigkeit entzogen, bevor es zum Stuhlgang kommt. Sind die Darmwände aber gereizt oder entzündet, **Beeinträchtigung bei der Verdauung** ist dieser Vorgang beeinträchtigt, und es kommt zu Durchfällen. Die Ursachen für eine solche Störung sind vielfältig. Streß und andere psychische Faktoren, aber auch der Verzehr von schwerverdaulichen, unreifen oder verdorbenen Lebensmitteln sowie ein Mißbrauch von Medikamenten kommen als Auslöser in Frage. Durchfall kann allerdings auch eine Begleiterscheinung von schweren Magen-Darm-Erkrankungen sein.

! Bei länger als zwei Tage anhaltenden und schmerzhaften Durchfällen ist unbedingt ein Arzt oder Heilpraktiker aufzusuchen.

In der traditionellen afrikanischen Pflanzenmedizin werden bei Durchfallerkrankungen die sorgfältig gewaschenen Blätter von Ocimum gratissimum zusammen mit Salz und Wasser gekaut.

Massage

2 – 3 Tropfen ätherisches Basilikumöl auf 2 – 3 EL pflanzliches Öl geben. Dann den Unterleib im Uhrzeigersinn damit massieren, um den Bauch zu entkrampfen.

Massagen für den Bauch

Tee

Bereiten Sie nach dem Grundrezept einen Basilikumtee zu. (Für eine kurmäßige Anwendung s. Blähungen.)

Eiter

Eiter kann sich an einer entzündeten Wunde bilden und enthält neben den sogenannten Eiterkörperchen Flüssigkeit, die Gewebe mit einschließt. Verbunden damit entsteht heftiger Juckreiz. An den betroffenen Stellen bilden sich kleine Bläschen, die schnell verkrusten und aus denen der dickflüssige Eiter austritt.

Juckreiz tritt auf

Umschlag

Bereiten Sie einen Basilikumumschlag nach dem Grundrezept. Legen Sie diesen mehrmals täglich auf die eiternde Stelle, um bei schlecht heilenden Wunden die Eiterbildung zu unterbinden.

Erkältung

Unter dem Oberbegriff Erkältung versteht man eine Reihe von Erkrankungen der oberen Atemwege. Nasen-, Mund- und Rachenschleimhaut

Typische Symptome sind gleichermaßen davon betroffen. Eine Erkältung äußert sich meist durch typische Symptome wie Husten, Schnupfen, Heiserkeit, die oft mit Fieber und Kopfschmerzen einhergehen.

Inhalation

Bereiten Sie eine Basilikuminhalation wie in der Grundzubereitung beschrieben zu, und inhalieren Sie mehrmals täglich.

Tee

Linderung bei Erkältung Ein Aufguß aus 1 EL frischen Basilikumblättern und einem kleinen Stück Ingwer oder 1 TL Ingwerpulver mit Milch und Honig bringt Linderung bei Erkältung und Grippe. 2–3mal täglich zwischen den Mahlzeiten schluckweise trinken.

Bad

Wohltuend für die Atemwege Bereiten Sie nach dem Grundrezept ein Basilikumbad zu. Am besten eignet sich in diesem Fall Ocimum viride, das wegen seines hohen Thymolgehaltes den Atemwegen wohltut. Mit den aufsteigenden Dämpfen werden die Wirkstoffe eingeatmet, während die Haut diese gleichzeitig aus dem warmen Wasser absorbiert. Bei den ersten Erkältungsanzeichen ein warmes Bad zu nehmen ist ein altbewährtes Volksheilmittel.

> **!** Beachten Sie jedoch, daß das ätherische Basilikumöl eher stimulierende und belebende Wirkung hat, daher also besser nicht unmittelbar vor dem Schlafengehen angewendet werden sollte.

Erschöpfung

Müdigkeit durch ausreichend Schlaf vertreiben Sowohl Geist als auch Muskeln ermüden meist nach einer Überbeanspruchung. Körperliche und geistige Anstrengungen kosten Kraft – durch Müdigkeit und Erschöpfung zeigt der Körper seine Grenzen. Die besten Mittel, um wieder Energien zu tanken, sind ausreichend Schlaf und gute Erholung. Basilikum hat allgemein eine anregende Wirkung auf die Gehirntätigkeit. Ein Salat mit frischem Basilikum belebt die Sinne.

Aromatherapie

Lassen Sie – wie unter Aromatherapie beschrieben – den Duft des Basilikumöls auf sich wirken.

Bad

Bereiten Sie nach dem Grundrezept ein Basilikumbad zu, und versuchen Sie sich für ca. 10 – 15 Minuten darin zu entspannen.

Massage

2 – 3 Tropfen ätherisches Basilikumöl auf 2 – 3 EL pflanzliches Öl, z. B. Mandelöl, geben. Wer den Duft des Basilikumöls allein nicht mag, kann es mit anderen mischen. Zusammen mit Lavendelöl etwa lockert es hervorragend die Muskeln.

Massagen helfen bei verspannten Muskeln

Fieber

Bei Fieber steigt die Körpertemperatur. Es handelt sich dabei um eine Reaktion des Körpers, die meist auf einen Infekt hindeutet, aber auch bei Knochenbrüchen oder Blutergüssen auftritt, wenn ein Zerfall von

Körperzellen stattfindet. Als Begleiterscheinung treten meistens eine allgemeine Abgeschlagenheit und ein schnellerer Pulsschlag auf. Grundsätzlich ist Fieber für den Organismus förderlich, denn das Ansteigen der Temperatur regt den Stoffwechsel an und stärkt den natürlichen Abwehrmechanismus. Durch das starke Schwitzen werden die für den Infekt verantwortlichen Viren und Bakterien unschädlich gemacht.

Fieber regt den Stoffwechsel an

> **!** Bei starkem Fieber jedoch, das mehrere Tage anhält, sollte man einen Arzt oder Heilpraktiker aufsuchen. In einzelnen Fällen ist es sinnvoll, vom Arzt verschriebene fiebersenkende Mittel einzusetzen, z. B. wenn die Temperatur über 40 °C erreicht hat. Dies trifft vor allem bei Kleinkindern zu.

Schweißtreibendes Bad

Bereiten Sie sich nach dem Grundrezept ein Basilikumbad zu. Bleiben Sie ca. 10–15 Minuten darin. Danach legen Sie sich gut abgetrocknet und warm eingepackt ins Bett. Die Bettwäsche mehrmals wechseln, wenn sie vom Schweiß durchnäßt ist.

Nach dem Bad warm eingepackt ins Bett

Ayurvedischer Ansatz

Die Blätter von Ocimum gratissimum werden zerstoßen und auf die Stirn sowie unter die Nase gerieben oder inhaliert. Diese Art der Anwendung beruht auf einer Tradition der indischen Volksgruppe der Kathodias in Rajasthan.

Gallenprobleme

Zusammen mit der Leber bildet die Galle eine Einheit, die vor allem bei der Fettverdauung eine Rolle spielt. Bei einer gestörten Gallensekretion kommt es zu Verdauungsstörungen, die als Symptome Völlegefühl und Druckempfindlichkeit in der Gallengegend mit sich bringen. Solange eine Störung oder Entzündung der Gallenblase vorliegt, sollte man auf fettreiche Speisen möglichst verzichten und pflanzliche Fette den tierischen vorziehen.

Verdauungsstörungen

Tee

Kochen Sie nach dem Grundrezept einen Basilikumtee, und trinken Sie diesen schluckweise zwischen den Mahlzeiten.

Gonorrhöe, Syphilis

Diese beiden Geschlechtskrankheiten, die der sofortigen Behandlung durch einen Arzt bedürfen, werden in der traditionellen afrikanischen Medizin mit Ocimum gratissimum und Amaranthus viridis (Amaranth) therapiert. Dafür werden die Blätter der beiden Pflanzen gemahlen, geröstet und als Pulver in Alkohol 3mal täglich getrunken. Auf Wunden wird das Pulver direkt aufgetragen.

Sofortige ärztliche Behandlung

Grippe

Medizinisch gesehen, handelt es sich bei einer Grippe um eine Infektionskrankheit, die sich epidemieartig verbreiten kann. Im Volksmund wird jedoch auch der grippale Infekt als Grippe bezeichnet – eine starke Erkältung, die meist mit Fieber, Kopf- und Gliederschmerzen, Husten und Schnupfen einhergeht. Am besten behandelt man einen solchen Infekt gleich bei den ersten Anzeichen (s. Erkältung).

Grippaler Infekt

! Auch hier gilt: Bei einer ernsten und länger andauernden Erkrankung ist unbedingt ein Fachmann aufzusuchen.

Halsschmerzen und Heiserkeit

Halsschmerzen werden häufig durch eine bakterielle Infektion ausgelöst. Sie können aber auch durch äußere Reize verursacht werden oder als Begleiterscheinung bei Erkältung und Grippe auftreten. In einigen Fällen sind davon auch die Stimmbänder betroffen, was zu einer heiseren Stimme führt.

Ursachen

Mundspülung

Bereiten Sie nach dem Grundrezept eine Mundspülung zu. Wenden Sie diese mehrmals täglich für einige Minuten an. Bei Halsschmerzen ist dies ein bewährtes Naturheilmittel.

Hautprobleme

Pickel und Ekzeme

Die Haut reagiert auf äußere Einflüsse oft mit Rötung und Juckreiz. Vielfach entstehen Hautprobleme wie Pickel und Ekzeme, weil über Niere oder Darm Giftstoffe nicht ausreichend ausgeschieden werden. Der Körper entledigt sich dann auf diese Weise der Schlacken.

Die Haut ist das größte Organ

Die Haut als unser größtes Organ hat eine Oberfläche, die für die Struktur der ätherischen Öle relativ leicht passierbar ist. Durch Bäder, Massagen oder Cremes gelangen die Wirkstoffe in den Körper und auf Umwegen in den Blutkreislauf, von wo aus sie durch den Körper transportiert werden. Basilikumöl entfaltet also auf verschiedene Arten seine Wirkung bei Hautproblemen.

Dampfbad

Bereiten Sie nach dem Grundrezept ein Basilikumdampfbad zu, und lassen Sie die aufsteigenden Dämpfe mehrere Minuten einwirken. Mehrmals täglich wiederholen. Dies hat sich bei fettiger, großporiger Haut bewährt.

Ayurvedischer Ansatz

Das ätherische Basilikumöl (aus Tulsi) wird mit dem Saft von Limonen vermischt und auf die entsprechenden Hautstellen aufgetragen.

Kompresse

Bereiten Sie nach dem Grundrezept eine Basilikumkompresse zu, und betupfen Sie die betroffenen Stellen damit.

Herpes

Viruserkrankung

Bei Herpes handelt es sich um eine Viruserkrankung, die in Form von Bläschen zumeist an Lippen, Nase und im Genitalbereich auftritt. Bei intensiver Sonneneinstrahlung, Fieber oder einem geschwächten Immunsystem kommt es zu einem Spannungsgefühl, dem Bläschenbildung mit Juckreiz folgt. Eine frühzeitige Behandlung sorgt dafür, daß diese sich – ohne Narben zu bilden – nach ungefähr einer Woche zurückbilden.

Kompresse

In wissenschaftlichen Untersuchungen konnte die wachstumshemmende Eigenschaft von Ocimum viride auf Herpesviren nachgewiesen werden. Dazu wird eine Lösung aus dem ätherischen Öl von Ocimum viride verwendet, mit dem die betroffenen Hautstellen betupft werden.

Herzbeschwerden

Herzbeschwerden müssen immer von einem Arzt behandelt werden. In den meisten Fällen steht am Anfang einer Therapie eine Ernährungsumstellung, um den Cholesterinspiegel zu senken und somit einem Herzinfarkt vorzubeugen. Tierische Fette sollten nach Möglichkeit gemieden oder nur sparsam verwendet und beim Kochen durch pflanzliche Öle ersetzt werden. Geeignet ist das Basilikumöl. Anregungen finden Sie in dem Kapitel »Essig, Öl und Eingemachtes«.

Vorbeugung eines Herzinfarkts

Husten

Wenn Staub, Pollen oder Schleim sich in den Bronchien abgelagert haben, reagiert der Körper mit Husten, um sie wieder frei zu bekommen. Das ist ein ganz natürlicher Reflex. Husten kann allerdings auch durch Entzündungen in Hals, Rachenraum und Bronchien ausgelöst werden (s. Bronchitis).

Natürlicher Reflex

Inhalation

Bereiten Sie nach dem Grundrezept eine Basilikuminhalation zu. Sie fördert das Abhusten von Schleim; die aufsteigenden Dämpfe beruhigen darüber hinaus die gereizten Bronchien, den Hals und den Rachen. Eine alternative Methode besteht darin, daß Sie ein paar Tropfen des Öls auf ein Taschentuch geben und so die Wirkstoffe einatmen. Bei der Inhalation der heißen Dämpfe dringen diese allerdings besser in die Haut ein.

Alternative Methode

Immunschwäche

Im gesunden Zustand verfügt der Körper über einen Schutzmechanismus, der Krankheitserreger erkennt und unschädlich macht. Das Ab-

Antikörper wehrsystem reagiert mit der Produktion von Antikörpern, die die Eindringlinge bekämpfen. Bei einem geschwächten Abwehrsystem ist die Widerstandskraft des Körpers gemindert. Dadurch können Krankheitskeime leichter eindringen und sich vermehren.

Stärkungstrank von Kräuterpfarrer Weidinger

2 EL feingeschnittenes Basilikum mit $^1/_4$ l Obstbrand 2 Wochen in einem geschlossenen Glasgefäß an einem warmen Ort stehen lassen. Anschließend abseihen, filtrieren und in einem sauberen Behälter kühl lagern. Geben Sie 1 EL davon in ein Glas Wasser, und trinken Sie dies schluckweise. Das hilft, um wieder zu Kräften zu kommen.

Aromatherapie stärkt das Immunsystem

Aromatherapie

Lassen Sie – wie unter Aromatherapie beschrieben – den Duft des Basilikumöls auf sich wirken.

Teemischung

Die ayurvedische Heilkunde empfiehlt Teemischungen mit Basilikum, Fenchel, Ingwer, Zimt, Koriander und ähnlichen Kräutern, die sich positiv auf Geist und Seele auswirken. So findet der Mensch wieder seine Mitte und stärkt seine Abwehrkräfte.

Infektionskrankheiten

Viren, Bakterien, Pilze Eine Vielzahl von Infektionskrankheiten werden durch Viren, Bakterien oder Pilze verursacht. Wenn diese in den Organismus eindringen, schwächen oder schädigen sie ihn. Als Folgen treten Magen-Darm-Erkrankungen, Grippen und Erkältungen auf, um nur einige zu nennen. Ob eine solche Krankheit entsteht, hängt im wesentlichen davon ab, wie stark oder schwach das Immunsystem ist.

Aromatherapie

Lassen Sie – wie unter Aromatherapie beschrieben – den Duft des Basilikumöls auf sich wirken.

Tee

Bereiten Sie nach dem Grundrezept einen Basilikumtee zu, und trinken Sie diesen mehrmals täglich zwischen den Mahlzeiten.

Insektenstich

Die Haut reagiert auf Insektenstiche mit Schwellung und Juckreiz, oftmals sogar mit Entzündungen. Diese unangenehmen Begleiterscheinungen lassen sich vermeiden, wenn man die betroffene Hautstelle direkt nach dem Stich behandelt.

Unangenehme Begleiterscheinungen

Kompresse

Bereiten Sie nach dem Grundrezept eine Basilikumkompresse zu, und betupfen Sie mehrmals täglich die Stiche damit.

Katarrh

Ein Katarrh tritt meist als Begleiterscheinung bei Erkältungen oder Grippen auf. Der Körper reagiert mit einer vermehrten Sekretabsonderung auf eine Schleimhautentzündung. Gelegentlich wird ein Katarrh von äußeren Reizen wie Staub oder Pollen verursacht. Ziel der Behandlung ist die Verminderung der Schleimbildung.

Tee

Bereiten Sie nach dem Grundrezept einen Basilikumtee zu, und trinken Sie diesen mehrmals täglich zwischen den Mahlzeiten.

Inhalation

Beruhigung der Atemwege

Bereiten Sie nach dem Grundrezept eine Basilikuminhalation zu. Wiederholen Sie diese mehrmals täglich. Die aufsteigenden Dämpfe beruhigen die Atemwege und fördern die Schleimlösung.

Alternativ können Sie einfach ein paar Tropfen des Öls auf ein Taschentuch geben und die Dämpfe einatmen. Bei der Inhalation der heißen Dämpfen dringen die Wirkstoffe allerdings besser in die Haut ein.

Kopfschmerzen

Vielfältige Ursachen

Die Ursachen von Kopfschmerzen sind vielfältig. Sie können bei verschiedenen Krankheiten auftreten, aber auch durch langes, konzentriertes Arbeiten oder durch einen längeren Aufenthalt in einem schlecht gelüfteten Raum. Ebenso können psychische Faktoren oder ein Wetterwechsel derartige Beschwerden auslösen.

> Suchen Sie bei länger anhaltenden Kopfschmerzen immer einen Arzt oder Heilpraktiker auf, um auszuschließen, daß eine schwere Krankheit vorliegt.

Aromatherapie

Lassen Sie – wie unter Aromatherapie beschrieben – den Duft des Basilikumöls auf sich wirken.

Ayurvedischer Ansatz

Bei Kopfschmerzen werden die Blätter von Ocimum gratissimum zerstoßen und auf die Stirn sowie unter die Nase gerieben oder inhaliert. Diese Art der Anwendung beruht auf einer Tradition der Kathodias in Rajasthan, Indien.

Kratzer, Schürfwunden

Kratzer und kleine Verletzungen können, wenn sie schlecht heilen, lästig werden. In der ayurvedischen Heilkunde benutzt man in solchen Fällen ätherisches Basilikumöl (aus Tulsi), vermischt mit dem Saft von

Limonen. Dies wird auf die entsprechenden Hautstellen aufgetragen, um den Heilungsproceß zu beschleunigen.

Krupp

Von Krupp sind vor allem Säuglinge und Kleinkinder betroffen. Durch eine Verengung der Atemwege ist die Atmung deutlich erschwert. Man unterscheidet zwischen einem echten Krupp, der sich in Form einer Kehlkopfentzündung bei Diphterie äußert, und anderen Kruppformen, wie beispielsweise dem Pseudokrupp. Diese Krankheit ist von typischem, bellendem Husten begleitet.

Echter Krupp

Tee

Bereiten Sie nach dem Grundrezept einen Basilikumtee zu, und trinken Sie diesen mehrmals täglich zwischen den Mahlzeiten. Für Kinder kann man den Tee mit Honig süßen.

Lepra

Lepra ist eine Infektionskrankheit der Haut und kommt hauptsächlich in Asien, Afrika, Lateinamerika und Südeuropa vor. Durch die Einlagerung von Leprabakterien in die Haut bilden sich Knoten, vor allem im Gesicht. Die Nerven werden geschädigt, im Laufe der Jahre kommt es zu schweren Verstümmelungen. In der ayurvedischen Medizin gaben die Heilkundigen den Leprakranken Saft von Basilikumblättern zu trinken, um sie zu heilen.

Verlauf der Krankheit

Lungenprobleme

Erkrankungen der Lunge sollten immer ernstgenommen und auf jeden Fall von einem Fachmann behandelt werden. In diesem Zusammenhang sind Husten, Asthma, Bronchitis und Lungenentzündung zu nennen. Letztere wird hauptsächlich durch Infektion nach einer Erkältung verursacht. Die Lungenbläschen füllen sich mit Flüssigkeit, wodurch das Atmen erschwert wird. Als Folge treten Störungen beim Sauerstofftransport im ganzen Körper auf. Eine Lungenentzündung geht in der Regel mit Fieber einher. Die Einnahme von Antibiotika ist in den meisten Fällen erforderlich. Zusätzlich kann mit Inhalationen oder

Lungenentzündung

Aufgüssen, wie es die ayurvedische Heilkunde bei Lungenerkrankungen empfiehlt, behandelt werden.

Ayurvedischer Ansatz

5 Blätter Tulsi auf 1 Tasse Wasser ergeben einen Aufguß, der schluckweise zwischen den Mahlzeiten getrunken wird. Tulsi gilt als schleimlösend und fördert somit das Abhusten.

Inhalation

Bereiten Sie nach dem Grundrezept eine Basilikuminhalation zu. Wiederholen Sie diese mehrmals täglich. Die aufsteigenden Dämpfe beruhigen die Atemwege.

Magen-Darm-Beschwerden

Auslöser einer Magen-Darm-Verstimmung ist meist eine ungesunde Ernährung oder eine Infektion. Doch spielen auch hier Streß und seelische Belastungen eine Rolle (s. Durchfall). Derartige Störungen können sich in krampfartigen Bauchschmerzen, Völlegefühl und Übelkeit äußern.

Tee

Verdauungsfördernde Wirkung

Bereiten Sie nach dem Grundrezept einen Basilikumtee zu. Er hat sich bei Magen-Darm-Krämpfen bewährt und wirkt verdauungsfördernd. Bei Bedarf wird eine kleine Tasse nach den Mahlzeiten getrunken. Für eine Kur empfiehlt sich eine Anwendung, wie sie unter Blähungen beschrieben ist.

Ernährung

Frische Kräuter stärken den Magen

Bei einer akuten Magenerkrankung sind fette sowie scharf oder salzig gewürzte Speisen tabu. Frische Kräuter, insbesondere Basilikum, wirken sich wohltuend auf den geschwächten Magen aus. Eine Fleischbrühe mit frischen Basilikumblättchen kann bei einem nervösen Magen schon sehr helfen.

In einigen im Handel erhältlichen Präparaten, die krampflösend und blähungstreibend oder -auflösend wirken, sind Auszüge von Basilikum enthalten.

Malaria

Malaria ist eine tropische Infektionskrankheit, die durch eine Stechmücke übertragen wird. Man unterscheidet drei Formen: Malaria tropica, Malaria tertiana und Malaria quartana. Symptomatisch verläuft die Krankheit mit starkem Fieber, das schubweise entweder unregelmäßig, jeden dritten oder vierten Tag mit starkem Schüttelfrost auftritt.

Drei Formen von Malaria

! In der ayurvedischen Medizin wird im Anfangsstadium das heilige Basilikum (Tulsi) als Infusion verabreicht. Bei den ersten Anzeichen einer Malariainfektion ist unbedingt ein Tropenmediziner aufzusuchen. Diese Krankheit sollte auf keinen Fall selbst behandelt werden.

Menstruationsbeschwerden

Viele Frauen leiden vor und während der Menstruation unter Beschwerden: Sowohl das Prämenstruelle Syndrom (Niedergeschlagenheit, depressive Verstimmungen) als auch krampfartige Schmerzen im Unterleib treten häufig auf. Basilikum wirkt menstruationsfördernd und hilft daher bei unregelmäßiger oder verzögerter Blutung. Für Frauen mit starken Blutungen dagegen empfiehlt sich die Anwendung nicht.

Prämenstruelles Syndrom

Massage

Eine sanfte Massage des Unterbauchs mit ätherischem Basilikumöl lindert den Schmerz. Bei empfindlicher Haut sollte das ätherische Öl zuvor mit einem Trägeröl, z. B. Traubenkernöl, vermischt werden.

Milchfluß, gestörter

Bei gestörtem Milchfluß während der Stillzeit empfiehlt sich ein Tee aus Basilikum. Schon im Altertum wurde er als Mittel eingesetzt, das den Milchfluß anregen sollte.

Tee regt Milchfluß an

Tee

Bereiten Sie Basilikumtee nach dem Grundrezept zu, und trinken Sie ihn in kleinen Schlucken über den Tag verteilt.

Mückenschutz

In Indien werden die Blätter von Ocimum sanctum wegen der Zusammensetzung ihres ätherischen Öls zum Schutz vor Mücken und Moskitos eingesetzt.

Müdigkeit

(s. Erschöpfung)

Mund- und Gaumeninfektion

Infektionen in Mund und Gaumen können durch entzündliche Verletzungen, Bakterien oder Pilze hervorgerufen werden. Besondere Anfälligkeit besteht, wenn das Immunsystem geschwächt ist.

Mundspülung

Bereiten Sie nach dem Grundrezept eine Basilikumspülung zu, und wenden Sie sie mehrmals täglich im Mundraum an.

Nervenschwäche

(s. Depressionen, Streß)

Nierenentzündung

Entstehung einer Nierenentzündung

Die Nieren steuern den Salz- und Wasserhaushalt des Körpers. Zudem sind sie für die Ausscheidung der Stoffwechselendprodukte zuständig. Nierenentzündungen können entstehen, wenn die Ernährung zu fett- und eiweißhaltig ist oder der Körper nur unzureichend mit Flüssigkeit versorgt wird. Läßt sich im Harn Eiweiß oder Blut feststellen, deutet dies meist auf eine Nierenerkrankung hin.

! In jedem Fall ist der Gang zum Arzt oder Heilpraktiker unvermeidlich.

Teemischung

Gießen Sie Basilikum- und Birkenblätter zu gleichen Teilen auf. Diese Mischung, schluckweise und ungesüßt getrunken, hilft bei Nierenentzündungen. Soll der Tee harntreibend wirken, trinkt man ihn am besten kalt.

Ayurvedischer Ansatz

In der hinduistischen Heilkunde gilt ein Getränk aus den Samen von Ocimum americanum als harntreibend und kühlend.

Ernährung

Bei einer Nierenerkrankung ist für gewöhnlich eine spezielle Diät einzuhalten, die insbesondere tierisches Eiweiß und zuviel Salz ausschließt. Verwenden Sie verstärkt frische Kräuter. Basilikum beispielsweise wirkt günstig auf den Genesungsprozeß.

Spezielle Diät

Ohnmacht

Bei einem großen Schrecken oder einem emotionalen Schock wird durch das Nervensystem eine so große Menge Blut aus dem Gehirn in den Bauchraum gelenkt, daß es zu einem kurzzeitigen Verlust des Bewußtseins kommt. Um die Blutzufuhr wieder zu gewährleisten, sollte der Patient in eine waagerechte Position gebracht und seine Beine erhöht gelagert werden, damit sich Kopf und Herz auf einer Ebene befinden.

Verlust des Bewußtseins

Aromatherapie

Pfefferminze und Rosmarin

Die Öle von Pfefferminze und Rosmarin gelten als hilfreich, um die Ohnmacht zu beenden. In früheren Zeiten verwendete man ein Riechmittel, das aus einer Handvoll zerstoßenem Basilikum und Essig bestand. Es wurde einem Ohnmächtigen unter die Nase gehalten, damit er wieder zu sich kam.

Ohrenschmerzen

In der ayurvedischen Heilkunde wird bei Ohrenschmerzen dem Patienten der Saft der Basilikumpflanze ins Ohr geträufelt.

Pickel

(s. Hautprobleme)

Rheuma

Eingeschränkte Beweglichkeit

Rheuma äußert sich in Form von Beschwerden an Gelenken, Sehnen, Bändern, Muskeln oder Nerven. Dadurch ist der Patient meist schmerzhaft in seiner Beweglichkeit eingeschränkt, sogar Versteifungen können auftreten. Unterschieden wird zwischen Gelenkrheumatismus und Weichteilrheumatismus. Die Krankheit verläuft in Schüben, während denen die betroffenen Stellen anschwellen und besonders druckempfindlich sind.

Salbe

Basilikum befindet sich als wichtiger entzündungshemmender Bestandteil in einigen im Handel erhältlichen Rheumasalben, die auf Naturheilbasis hergestellt wurden.

Rheumabad

Geben Sie eine Handvoll einer Sorte Ocimum gratissimum, z. B. Ostindisches Basilikum, in das Badewasser (35–38 °C). Legen Sie sich für 10–15 Minuten hinein.

Schlangenbiß, Skorpionstich

Im Altertum benutzte man Basilikum als Mittel gegen Skorpionstiche und Schlangenbisse. Lassen Sie sich aber dadurch nicht zur Selbstbehandlung verleiten; suchen Sie nach einem derartigen Stich oder Biß unverzüglich einen Arzt oder Heilpraktiker auf.

Keine Selbstbehandlung

Schnupfen

(s. Erkältung, Katarrh)

Sexuelle Antriebslosigkeit

Alltagsprobleme, Streß und Sorgen können zu sexueller Unlust führen. Oftmals ist in solchen Fällen die Hilfe eines erfahrenen Therapeuten notwendig. Die Betroffenen selbst können aber auch das ätherische Basilikumöl, das in der hinduistischen Heilkunde als Aphrodisiakum gilt, einsetzen. Es gilt als allgemein stimulierend und soll Kraft sowie Ausstrahlung steigern.

Basilikumöl als Aphrodisiakum

Aromatherapie

Lassen Sie – wie unter Aromatherapie beschrieben – den Duft des Basilikumöls auf sich wirken.

Tee

Ein Aufguß aus frischen Basilikumblättern nach dem Grundrezept zubereitet, wird in der Naturheilkunde als Aphrodisiakum empfohlen.

Stimmungstief

(s. Streß, Depressionen)

Störung des Sprachvermögens

Hildegard von Bingen Die heilige Hildegard von Bingen pflegte Störungen des Sprachvermögens mit einer Tinktur aus Basilikum zu behandeln.

Streß

Positiver Streß Der hektische Alltag mit seinen Anforderungen und Problemen erzeugt häufig Streß. Allerdings müssen dabei eine positive und eine negative Form unterschieden werden. Durch positiven Streß wird der Körper in einem gesunden Maß aktiviert. Der Adrenalinspiegel erhöht sich leicht, dadurch steigen die Konzentration und das Kraftpotential. Bei negativem Streß dagegen sind die zu bewältigenden Aufgaben und seelischen Probleme nicht mehr überschaubar, sie scheinen unlösbar. Wer über einen längeren Zeitraum unter starker psychischer Belastung steht, kann schließlich an schweren Depressionen erkranken.

Aromatherapie

Lassen Sie – wie unter Aromatherapie beschrieben – den Duft des Basilikumöls auf sich wirken.

Massage

Die Mischung macht's Man gibt ca. 2–3 Tropfen ätherisches Basilikumöl auf 2–3 EL pflanzliches Öl, z. B. Mandelöl. Wer den Duft des Basilikumöls allein nicht mag, kann weitere Öle zusetzen. Lavendelöl z. B. lockert die Muskeln, Jasminöl hebt die Stimmung. Geben Sie Ihre Mischung auf verspannte Körperpartien, und massieren Sie diese mit sanft kreisenden Bewegungen ein.

Übelkeit

Bei Übelkeit und Unwohlsein, das aufgrund von Verdauungsproblemen auftritt, kann ein Tee aus frischem Basilikum Linderung verschaffen.

Tee

Gießen Sie 2 – 3mal täglich einen Basilikumtee nach dem Grundrezept auf. Trinken Sie ihn schluckweise zwischen den Mahlzeiten.

Verstopfung

Ein gesunder Darm scheidet Stoffwechselendprodukte problemlos aus. Doch durch eine falsche beziehungsweise einseitige Ernährung oder als Folge von Streßsituationen kann es zu Verdauungsproblemen kommen. Eine Darmentleerung findet dann nur sehr unregelmäßig und teilweise schmerzhaft statt. Bewegung und eine ballaststoffreiche Kost können in vielen Fällen Abhilfe schaffen.

Einseitige Ernährung

Tee

Bereiten Sie 2 – 3mal täglichen einen Basilikumtee nach dem Grundrezept, und trinken Sie ihn schluckweise zwischen den Mahlzeiten.

Massage

Massieren Sie das ätherische Basilikumöl in der Magengegend im Uhrzeigersinn ein. Es wirkt krampflösend und bei Verdauungsbeschwerden lindernd.

Wetterfühligkeit

Manche Menschen haben mit körperlichen oder seelischen Problemen zu kämpfen, wenn das Wetter wechselt. Starke Temperaturschwankungen oder das Herannahen eines Tiefdruckgebietes führen zu allgemeinem Unwohlsein, Kopfschmerzen oder Niedergeschlagenheit.

Symptome

Ayurvedischer Ansatz

Es gibt im Handel fertige Teemischungen zu kaufen, die speziell bei Wetterfühligkeit wirken. Für eine ausgeglichene Stimmung empfiehlt sich Basilikumtee pur oder mit Thymian, Eukalyptus, Pfefferminze, Zitronengras und Zimt kombiniert.

V. Köstliche Rezepte mit Basilikum

Kleine Kräuterkunde

Basilikum schmeckt am besten frisch geerntet. Außerdem enthält es dann die größten Mengen wertvoller Inhaltsstoffe und Vitamine. Zudem empfiehlt es sich, das Basilikum erst direkt vor der Verwendung zu zerkleinern. Sicher wissen Sie auch, daß kaum ein Küchenkraut langes Kochen verträgt. Geben Sie deshalb, wenn möglich, das Basilikum immer erst kurz vor Ende der Garzeit zu den Speisen. Obwohl manche Fachleute davon ausgehen, daß Kräuter bereits durch das Abspülen Nährstoffe verlieren, läßt sich dies bei verschmutzten oder mit Erde bedeckten Pflanzen nicht vermeiden. Wichtig ist jedoch, daß die Blätter wieder sorgfältig trockengetupft werden, damit sich keine Flecken bilden. Zum Zerkleinern von Basilikum verwendet man am besten ein scharfes Messer ohne Zähne, denn das schont die Struktur des Blattes, so daß es ansehnlich bleibt.

Küchenkräuter nur kurz kochen

Tips

■ Verwenden Sie ein Kunststoffbrettchen. Kräuter sollten grundsätzlich nicht auf Holz gehackt werden, da es den Kräutern ihren Saft entzieht.

■ Das Aroma des Basilikums entfaltet sich besonders stark, wenn Sie die Blätter, bevor Sie sie den Speisen zufügen, noch kurz zwischen den Fingern reiben.

■ Verwenden Sie bei der Zubereitung der Gerichte vorzugsweise frisches Basilikum, davon jeweils nur die Blätter.

■ Sie können auch getrocknetes Basilikum benutzen, es weist jedoch ein deutlich schwächeres Aroma auf als das frische Kraut. Arbeiten Sie mit ganzen getrockneten Blättern, so zerreiben Sie diese erst kurz bevor Sie sie verwenden. Dadurch hält sich das in den Blattgefäßen eingeschlossene ätherische Öl länger. Grundsätzlich benötigt man von getrocknetem Kraut ca. 2–3mal weniger als von frischem.

■ Bei einigen Rezepten sind in Klammern die Basilikumsorten angegeben, die mit dem jeweiligen Gericht am besten harmonieren. Sie können aber auch andere Sorten nach Ihrem Geschmack verwenden.

Vorzugsweise frisches Basilikum verwenden

Verwendete Abkürzungen
EL = Eßlöffel
TL = Teelöffel
Msp. = Messerspitze
mg = Milligramm
g = Gramm
kg = Kilogramm
ml = Milliliter
l = Liter

Vorspeisen und Snacks

Gefüllte Weinblätter mit Reis und Tomaten

■ Zutaten für 30 Stück

125 g Basmatireis
Salz
30 eingelegte Weinblätter
1 Zwiebel
25 g Pinienkerne
2 mittelgroße Tomaten
1 Bund frisches Basilikum

1 TL Kardamom, gemahlen
Salz
Schwarzer Pfeffer,
  frisch gemahlen
6 EL Olivenöl
Saft von 1 Zitrone

Reis mit der doppelten Menge Wasser und etwas Salz zum Kochen bringen, bei kleiner Hitze etwa 15 Minuten garen.

In der Zwischenzeit die eingelegten Weinblätter mit kaltem Wasser abspülen, beiseite stellen und abtropfen lassen. Zwiebel schälen und würfeln, Pinienkerne grob hacken. Tomaten kreuzweise einritzen und kurz in heißes Wasser tauchen. Anschließend häuten und das Fleisch klein würfeln. Basilikum in feine Streifen schneiden.

Wenn der Reis gar ist, die kleingeschnittenen Zutaten zufügen, mit Kardamom, Salz und Pfeffer kräftig würzen. Jeweils 1 gehäuften TL der Mischung auf ein Weinblatt geben, die Ränder überschlagen und kleine Päckchen formen. Diese in einen Topf mit Deckel nebeneinanderlegen. Das Olivenöl mit $1/4$ l Wasser mischen, über die Weinblätter gießen und Zitronensaft darüber träufeln. Zugedeckt ca. 75 Minuten bei kleiner Hitze garen, bis die Blätter und der Reis weich sind. Gelegentlich Wasser oder Gemüsebrühe angießen. Die Weinblätter schmecken warm und kalt.

Tip!
Dazu paßt Basilikum-Joghurt: 150 g Joghurt oder Sauerrahm mit Salz und schwarzem Pfeffer abschmecken. 2 EL kleingeschnittenes, frisches Basilikum einrühren – fertig.

Basilikum-Blätterteigpastetchen

■ Zutaten für 16 Stück

8 Scheiben tiefgefrorener Blätterteig	20 g Pinienkerne
	1 Bund Basilikum
400 g Gemüse	50 g Schafskäse
(z. B. Auberginen, Zucchini)	Salz
1–2 Knoblauchzehen	Schwarzer Pfeffer,
1–2 EL Olivenöl	frisch gemahlen

Blätterteigscheiben nebeneinanderlegen und auftauen lassen.

Das Gemüse waschen und grob würfeln. Knoblauch fein hacken. Öl in einem Topf erhitzen, Knoblauch und Pinienkerne darin glasig dünsten, Gemüsewürfel zufügen und zugedeckt ca. 10–25 Minuten garen. Basilikum in feine Streifen schneiden, Schafskäse würfeln. Beides zu der fertigen Gemüsemischung geben und mit dem Stabmixer pürieren. Mit Salz und Pfeffer abschmecken.

Backofen auf 200 °C (Gasherd Stufe 4–5) vorheizen. Blätterteigscheiben längs halbieren und etwas ausrollen. Am oberen Ende jeweils 1 gehäuften TL der Gemüsemasse aufsetzen. Eine Ecke des Teigs über die Füllung schlagen, so daß ein Dreieck entsteht. Dieses nochmals falten, Sie haben dann ein dreieckiges Pastetchen vor sich. Auf ein Backblech Backpapier legen, darauf die Pastetchen setzen und ca. 20 Minuten backen.

Röstbrote mit Tomatenwürfeln

■ Zutaten für 8 Personen

150 g Butter	1 Bund Basilikum
2 Knoblauchzehen	2 EL Kräuteressig
Schwarzer Pfeffer,	1 TL Senf
frisch gemahlen	1 TL Zucker
Salz	8 Scheiben Baguette
500 g Tomaten	Etwas Basilikum zum Garnieren

Butter schaumig rühren. Knoblauch schälen und pressen. Die Butter mit Knoblauch, Pfeffer und Salz verrühren. Buttermischung kühl stellen und mindestens 4 Stunden ziehen lassen.

Tomaten waschen, vierteln und würfeln. Basilikum abspülen, trockentupfen und hacken. Essig, Senf, Basilikum, Zucker, Pfeffer und Salz verrühren und zu den Tomatenwürfeln geben. Tomatenmischung etwa 1 Stunde ziehen lassen.

Knusprige Röstbrote als verlockende Vorspeise

Brot in Scheiben schneiden, von beiden Seiten dünn mit Knoblauchbutter bestreichen und von jeder Seite etwa 2 Minuten rösten. Dann die Tomatenwürfel auf die Brotscheiben geben. Restliche Butter über die Tomatenmischung verteilen und nochmals kurz im Grill erwärmen bis die Butter geschmolzen ist. Mit Basilikumblättchen garnieren.

Gefüllte Tomaten mit Käse überbacken

■ Zutaten für 2 Personen

4 feste Fleischtomaten
Salz
Schwarzer Pfeffer,
  frisch gemahlen
1 Knoblauchzehe
20 g Parmesan, frisch gerieben
20 g Semmelbrösel
1 Bund Basilikum
2–3 EL Olivenöl

Tomaten waschen, quer halbieren und das Fruchtfleisch herauslösen (kann man für ein anderes Gericht verwenden). Die Tomatenhälften innen salzen und pfeffern, dann nebeneinander in eine feuerfeste Form setzen.

Den Backofen auf 200 °C (Gasherd Stufe 4–5) vorheizen. Knoblauch schälen und fein hacken, Käse und Semmelbrösel dazugeben. Basilikum in feine Streifen schneiden und untermischen. Öl zugeben, bis eine geschmeidige Masse entsteht. Diese mit Salz und Pfeffer abschmecken und in die Tomaten füllen. Im vorgeheizten Ofen etwa 30 Minuten backen, bis sie leicht gebräunt sind.

Mariniertes Pilz- und Zucchinigemüse

■ Zutaten für 2 Personen

1 kleine Zucchini	*1 – 2 TL Zitronensaft*
150 g Champignons	*Salz*
1 Zwiebel	*Schwarzer Pfeffer,*
1 – 2 Knoblauchzehen	* frisch gemahlen*
2 EL Olivenöl	*4 – 5 Blättchen Basilikum*

Zucchini und Champignons waschen, dann in dünne Scheiben schneiden. Zwiebel sowie Knoblauch schälen und fein würfeln. In einer Pfanne das Öl erhitzen, Zwiebel- und Knoblauchwürfel darin glasig dünsten. Das Gemüse hinzugeben und 2 – 3 Minuten unter Rühren braten. Von der Herdplatte nehmen, Zitronensaft, Salz und Pfeffer zufügen. Das Ganze dann für ca. 2 Stunden kalt stellen. Gemüse anrichten, Basilikum in feine Streifen schneiden und darüber streuen.

Tip!
Dazu paßt knusprig frisches Brot.

Mozzarella-Reis-Bällchen

■ Zutaten für 12 Stück

500 g Basmatireis	*1 TL Kurkuma, gemahlen*
Salz	*1 TL Curry*
2 Eier	*Salz*
50 g geriebener Greyerzer	*Schwarzer Pfeffer,*
* (oder ein anderer herzhafter*	* frisch gemahlen*
* Hartkäse)*	*100 g Mozzarella*
5 – 6 große Blätter Basilikum	*Semmelbrösel zum Wenden*
* (z. B. Genoveser)*	*2 EL getrocknetes Basilikum*

Den Reis mit der doppelten Menge Wasser und etwas Salz zum Kochen bringen. Etwa 20 Minuten garen, danach abkühlen lassen. Die Eier verquirlen, mit Reis, Käse, in Streifen geschnittenem Basilikum und Gewürzen mischen. Den Mozzarella in 12 gleich große Würfel schneiden.

Um jeden Würfel eine kleine Handvoll der Reismischung geben und golfballgroße Kugeln formen. Für ca. 1 Stunde in den Kühlschrank stellen. Backofen auf 200 °C (Gasherd Stufe 5 – 6) vorheizen. In einem tiefen Teller Semmelbrösel mit Basilikum mischen, die Bällchen darin wenden. Diese ca. 20 Minuten backen, anschließend warm servieren.

Herzhafte Basilikum-Muffins

■ Zutaten für 12 Stück

300 g Mehl
2 TL Backpulver
1 TL Salz
¼ l Buttermilch
1 Ei
1 Bund Basilikum
80 g Greyerzer

2 mittelgroße Tomaten
2 EL Basilikumöl
Salz
Schwarzer Pfeffer,
*   frisch gemahlen*
Rosenpaprika

Backofen auf 180 °C (Gasherd Stufe 4 – 5) vorheizen. Mehl mit Backpulver, Salz, Buttermilch und Ei verrühren. Basilikum kleinschneiden, Käse reiben, Tomaten kreuzweise einritzen und kurz in kochendes Wasser tauchen. Dann häuten und würfeln. Alles unter den Teig heben, Öl zufügen, mit Salz, Pfeffer und Rosenpaprika herzhaft würzen. Den Teig in vorgefertigte Muffin-Förmchen füllen und auf der mittleren Schiene ca. 20 Minuten backen. Die Muffins schmecken warm und kalt.

Hähnchensticks mit Asia-Dip

■ Zutaten für ca. 20 Stück

1 kg Hähnchenbrustfilet
4 EL Olivenöl
2 Bund Basilikum
1 Knoblauchzehe
2 EL Sojasoße
1 TL Sherry

1 – 2 EL Zitronensaft
½ TL Schwarzer Pfeffer,
*   frisch gemahlen*
2 TL mittelscharfer Senf
1 Prise Zucker

Das Hähnchenbrustfilet waschen, trockentupfen und in ca. 2 cm große Würfel schneiden. Das Öl in einer Pfanne erhitzen und die Hähnchenwürfel darin von allen Seiten ca. 3 Minuten goldbraun braten. Herausnehmen und in jedes Stückchen einen Zahnstocher spießen. Basilikum in feine Streifen schneiden, Knoblauch schälen und durch die

Presse drücken. Beides mit den restlichen Zutaten vermischen. Die Hähnchensticks hineingeben und servieren.

Tip!
Als Beilage eignet sich körniger Reis gut.

Variante
Sie können das Hähnchenbrustfilet auch vor dem Braten in der Soße marinieren. Dann servieren Sie das Fleisch ohne Spießchen.

Salate und Rohkost

Tomatensalat mit Mozzarella und Basilikum

■ Zutaten für 4 Personen

4 Tomaten
250 g Mozzarella
6 – 7 Blättchen Basilikum
   (z. B. Spicy Bush)

1 EL Olivenöl
Salz
Schwarzer Pfeffer,
   frisch gemahlen

Tomaten waschen, in Scheiben schneiden. Den Mozzarella abtropfen lassen und ebenfalls in feine Scheiben schneiden. Auf einem großen Teller dachziegelartig anordnen, mit Basilikumblättchen garnieren, Olivenöl darüber träufeln, mit Salz und Pfeffer abschmecken.

Tip!
Dazu schmeckt frisches Baguette.

Rettich-Tomaten-Salat

■ Zutaten für 4 Personen

1 mittelgroßer weißer Rettich
6 Tomaten
3 EL Olivenöl
2 EL Rotweinessig

1 Bund Basilikum
Salz
Schwarzer Pfeffer,
   frisch gemahlen

Rettich waschen, schälen und in Streifen schneiden oder grob raspeln. Tomaten waschen und achteln. Aus Öl, Essig, in Streifen geschnittenem Basilikum, Salz und Pfeffer ein Dressing herstellen und über den Salat gießen.

Sprossensalat mit Basilikumdressing

■ Zutaten für 4 Personen
200 g gemischte Sprossen
    (z. B. Alfalfa, Kichererbsen,
    Sojabohnen)
1 kleiner Lollo Rosso
6 Radieschen
½ Salatgurke
1 Bund Basilikum
    (z. B. Fino Verde)
4 EL Basilikumöl
1 TL Zitronensaft
Salz
Schwarzer Pfeffer,
    frisch gemahlen

Sprossen mit kaltem Wasser abbrausen und gut abtropfen lassen, Salat waschen, dann die Blätter in mundgerechte Stücke zupfen. Radieschen säubern und in Achtel schneiden. Salatgurke schälen und in feine Scheiben schneiden.
   Für das Dressing Basilikum in feine Streifen schneiden und mit den übrigen Zutaten vermischen. Über den Salat gießen. Servieren.

Griechischer Salat mit Basilikum-Vinaigrette

■ Zutaten für 4 Personen
1 Salatgurke
2 Tomaten
1 gelbe Paprikaschote
1 Zwiebel
2 Knoblauchzehen
200 g Schafskäse
100 g schwarze Oliven
4 EL Olivenöl
2 EL Balsamico-Essig
Salz
Schwarzer Pfeffer,
    frisch gemahlen
½ Bund Basilikum
    (z. B. Karamanos)

Gurke schälen, der Länge nach halbieren und in ca. ½ cm breite Streifen schneiden. Die Tomaten waschen und in Achtel schneiden. Die Paprikaschote waschen, halbieren, die Trennwände sowie Kernchen entfernen und in schmale Streifen schneiden. Zwiebel und Knoblauch schälen, dann fein würfeln. Den Schafskäse ebenfalls würfeln. Alle Zutaten in einer Schüssel mischen, Oliven dazugeben.
   Das Öl mit Essig, Salz sowie Pfeffer mischen und unter den Salat ziehen. Mit kleingeschnittenen Basilikumblättchen bestreut servieren.

Orientalisches Basilikum-Tabbouleh

■ Zutaten für 4 Personen
250 g Bulgur
½ l kochendes Wasser
1 Stange Lauch
2 Tomaten
1 Kohlrabi
4 EL Zitronensaft
2 EL Olivenöl
1 TL gemahlener Kardamom
1 TL gemahlener Koriander
Salz
Schwarzer Pfeffer, frisch gemahlen
1 Bund Basilikum

Bulgur in einen Topf geben, mit dem kochenden Wasser übergießen und ca. 15 Minuten einweichen. Lauch waschen, putzen und in schmale Ringe schneiden. Tomaten waschen und klein würfeln. Kohlrabi waschen, schälen und ebenfalls in kleine Würfel schneiden.

Aus Zitronensaft, Öl und den Gewürzen eine Marinade bereiten. Abgetropften Bulgur mit dem Gemüse mischen, Marinade darüber geben, den in Streifen geschnittenen Basilikum unterheben. Umrühren – fertig.

Grüner Bohnensalat mit Fenchel und Basilikum

■ Zutaten für 4 Personen
400 g grüne Bohnen
1 kleine Zwiebel
1 EL Sonnenblumenöl
¼ l Gemüsebrühe
1 Fenchelknolle (ca. 200 g)
1 Stangensellerie (ca. 200 g)
30 g Erdnüsse
50 g Parmesan
1 Bund Basilikum
4 EL Olivenöl
2 EL Zitronensaft

Bohnen waschen, putzen und in mundgerechte Stücke schneiden. Zwiebel schälen und fein würfeln. Das Öl in einem tiefen Topf erhitzen, Zwiebelwürfel andünsten und die Bohnen zugeben. Dann Gemüsebrühe angießen und zugedeckt etwa 30 Minuten garen. Den Fenchel waschen, putzen, längs halbieren und in feine Streifen schneiden. Dabei den harten Strunk entfernen. Sellerie ebenfalls waschen, putzen und quer in Scheibchen schneiden. Beides ca. 10 Minuten vor Garende zu den Bohnen geben.

In der Zwischenzeit im Mörser Nüsse, Parmesan, Basilikum, Öl sowie Zitronensaft zerstampfen und mit der Brühe von dem gekochten Gemüse verdünnen, bis eine geschmeidige Masse entsteht. Gemüse auf einer Platte anrichten. Die Soße darüber geben und abkühlen lassen.

Schleifchensalat mit Thunfisch

■ Zutaten für 4 Personen
500 g *Schleifchennudeln (Farfalle)*
8 *kleine Tomaten*
1 *Röhrchen Oliven,*
  mit Paprika gefüllt (ca. 80 g)
1 *Dose Thunfisch in Öl*
2 *EL Rotweinessig*
2 *EL Basilikumöl*
Salz
Schwarzer Pfeffer,
  frisch gemahlen
½ *Bund Basilikum*

Die Nudeln in reichlich Salzwasser bißfest garen, abgießen und mit kaltem Wasser abschrecken. Tomaten waschen und achteln. Oliven abtropfen lassen und in feine Ringe schneiden. Thunfisch ebenfalls abtropfen lassen und in mundgerechte Stücke teilen.

Essig, Öl, Salz und Pfeffer mischen. Basilikum in feine Streifen schneiden und zur Soße geben. Diese mit den Nudeln mischen und alles für ca. 2 Stunden kalt stellen.

Friséesalat mit Basilikumgarnelen

■ Zutaten für 4 Personen
1 *Zwiebel*
2 *Knoblauchzehen*
2 *Zitronen*
7 *EL Basilikumöl*
300 g *Garnelen, ohne Schale*
  und Darm, gekocht
1 *Kopf Friséesalat*
1 *Bund Radieschen*
1 *Avocado*
½ *Bund Basilikum*
Salz
Schwarzer Pfeffer,
  frisch gemahlen

Zwiebel und Knoblauch schälen, dann sehr fein würfeln. Mit dem Saft von 1½ Zitronen und 5 EL Öl mischen. Die Garnelen damit übergießen und ca. 2 Stunden im Kühlschrank marinieren.
Salat waschen und in mundgerechte Stücke teilen. Die Radieschen waschen, putzen und in Scheiben schneiden. Avocado halbieren und Kern entfernen. Das Fruchtfleisch ebenfalls in dünne Scheiben schneiden und mit dem restlichen Zitronensaft beträufeln.

Das restliche Öl in einer Pfanne erhitzen, die abgetropften Garnelen darin von jeder Seite 2–3 Minuten braten. Das Basilikum in sehr feine Streifen schneiden und über die Garnelen geben. Diese auf den übrigen Salatzutaten anrichten, mit der Marinade übergießen, mit Salz und Pfeffer abschmecken.

Eiersalat mit Kichererbsensprossen

■ Zutaten für 4 Personen
8 Eier
8 Fleischtomaten
1 Zwiebel
150 g Kichererbsensprossen
1 Bund Basilikum
150 g saure Sahne
3 EL Sahne
3 EL Joghurt
1 TL mittelscharfer Senf
1 EL Zitronensaft
Salz
Schwarzer Pfeffer,
   frisch gemahlen

Eier hart kochen, abschrecken, schälen und hacken. Die Tomaten waschen, Stielansätze entfernen und würfeln. Zwiebel schälen und fein hacken. Sprossen mit kaltem Wasser abbrausen und gut abtropfen lassen. Basilikum in feine Streifen schneiden. Alles in eine Schüssel geben.

Soße —   Aus saurer und süßer Sahne, Joghurt, Senf sowie Zitronensaft eine Soße herstellen, mit Salz und Pfeffer würzen. Diese unter den Salat mischen.

Tip!
Dazu schmeckt frisches Vollkornbrot.

Dips und Soßen

Grüne Mayonnaise

■ Zutaten für ca. 1/4 l
1 Ei
2 TL Zitronensaft
1/4 l Basilikumöl
1/2 Bund Basilikum
1 Knoblauchzehe

Ei und Zitronensaft mit dem Handmixer verrühren. Nach und nach das Öl gleichmäßig einfließen lassen. Weiter mixen, bis eine glatte Mayonnaise entstanden ist. Basilikum in sehr feine Streifen schneiden und hinzufügen. Knoblauch schälen, durch die Presse drücken und ebenfalls untermischen.

Tips!
Paßt gut zu gemischten grünen Salaten.
In einem gut verschlossenen Gefäß hält sich die Mayonnaise im Kühlschrank ca. 3 Tage.

Basilikumbutter

■ Zutaten für ca. 125 g
125 g Butter
5 – 6 Knoblauchzehen
1 Bund Basilikum
Salz
Schwarzer Pfeffer,
  frisch gemahlen

Die Butter ca. 1/2 Stunde vor dem Verarbeiten aus dem Kühlschrank nehmen, dann läßt sie sich leichter verarbeiten. Knoblauch schälen und fein hacken, Basilikum kleinschneiden. Beides mit der Butter mischen, würzen. Paßt gut zu Steaks.

> **Tip!**
> Für die Sommergrillparty: 2 Baguettehälften mit der Basilikumbutter bestreichen, in Alufolie wickeln und auf den Grill legen.

Basilikum-Käse-Dressing

■ Zutaten für ca. 1/4 l
1 Bund Basilikum
2 Knoblauchzehen
125 ml Naturjoghurt
125 ml Mayonnaise
30 g Greyerzer, gerieben
Salz
Schwarzer Pfeffer,
  frisch gemahlen

Basilikum in feine Streifen schneiden. Knoblauch schälen und hacken, mit Joghurt sowie Mayonnaise mischen. Käse unterrühren und alles pürieren.

> **Tip!**
> Schmeckt besonders gut zu Gemüse- und Nudelsalaten.

Der Klassiker – Pesto

> Nach wie vor ist Pesto eine der beliebtesten Beigaben zu Pasta – aber auch als Zugabe für Salatsoßen oder als Brotaufstrich ist es ein Genuß. Bei den Italienern gilt der römische Dichter Vergil (70 – 19 v. Chr.) als Vater des Pesto. Wörtlich übersetzt bedeutet Pesto »zerstoßen« oder »zerkleinern«. Über die Provinz Ligurien

zog es in die italienische Küche ein. Das Basilikum brachten die Seefahrer von ihren Reisen mit. Man sagt, sie hatten auf ihren Fahrten solche Sehnsucht nach frischen Kräutern, daß sie anfingen, Basilikum in Form von Pesto haltbar zu machen. Je nach Region entstanden unterschiedliche Variationen des Grundrezepts.

Grundrezept

Pesto – die beliebteste Beigabe zu Pasta

■ Zutaten für ca. 250 g
50 g Pinienkerne
5 – 6 Bund Basilikum, ca. 60 g (z. B. Fino Verde)
3 große Knoblauchzehen
100 ml Olivenöl
50 g geriebener Pecorino

Pinienkerne, Basilikum und Knoblauch im Mörser zerstoßen. Nach und nach erst das Öl, dann den geriebenen Pecorino hinzugeben. Eventuell mit Salz und Pfeffer abschmecken.

Walnußpesto

■ Zutaten für ca. 250 g
100 g Walnußkerne
3 Bund Basilikum
2 Knoblauchzehen
50 g geriebener Pecorino
2 EL Sahne
70 ml Olivenöl

Die Walnüsse kurz in kochendem Wasser blanchieren, häuten, dann mit Basilikum, Knoblauch und dem Pecorino im Mörser zerkleinern. Nach und nach Sahne und Öl unterrühren.

Kinder-Pesto

■ Zutaten für ca. 250 g
2 Bund Basilikum
50 g geriebener Gouda
70 g geriebene Haselnußkerne
2 EL neutrales Pflanzenöl
 (z. B. Sonnenblumenöl)
100 ml Tomatensaft

Basilikum, Gouda und Haselnüsse im Mörser zerstoßen, mit Öl und Tomatensaft vermischen.

> **Tip!**
> Kinder-Pesto schmeckt gut zu Spaghetti.

Kapernpesto

■ Zutaten für ca. 200 g
70 g Sonnenblumenkerne
1 EL Kapern aus dem Glas
3 Bund Basilikum
1 Knoblauchzehe
40 g geriebener Pecorino oder
 Parmesan
100 ml Olivenöl

Sonnenblumenkerne in einer Pfanne ohne Fett rösten, bis sie duften. Mit Kapern, Basilikum, Knoblauch und Käse im Mörser fein zerstoßen. Das Öl langsam zugeben, bis eine geschmeidige Masse entsteht.

> **Tips!**
> Dieses Pesto schmeckt nicht nur gut zu Pastagerichten, es ergänzt auch Fischgerichte hervorragend.
> Die Sonnenblumenkerne lassen sich im Mörser leichter verarbeiten, wenn sie zuvor mit dem Wiegemesser grob zerkleinert werden.

Ingwer-Basilikum-Dip

■ Zutaten für ca. 4 Personen
1 haselnußgroßes Stück frischer
 Ingwer
1 Knoblauchzehe
3 EL dunkle Sojasoße
1/2 Bund Basilikum
1 TL Sesamöl
1 TL Basilikumöl

Ingwer und Knoblauch schälen und hacken. Mit Sojasoße, in feine Streifen geschnittenem Basilikum und den Ölen mischen.

Tip!
Schmeckt gut zu Fisch.

Indischer Mungbohnen-Basilikum-Dhal

Dhals werden in Indien fast zu jeder Mahlzeit gereicht. Sie sind wichtige Protein-, Eisen- und Vitamin-B-Lieferanten. Kocht man sie mit wenig Wasser, wie im folgenden Rezept, serviert man sie zu Reis- und Gemüsegerichten. Wer eine leichte Suppe daraus herstellen will, verwendet einfach mehr Wasser beim Garen.

■ Zutaten für 4 Personen

200 g gelbe Mungbohnen
2 Lorbeerblätter
1 EL Basilikumöl
1 TL gemahlener Ingwer
1 TL Tandoori Masala
1 TL Kreuzkümmel
1 TL Curry
1 Bund Basilikum (z. B. Tulsi oder Thailändisches Basilikum)
Salz
1–2 EL süße Sahne zum Verfeinern

Die Mungbohnen über Nacht in der doppelten Menge Wasser einweichen. Am nächsten Tag das Einweichwasser wegschütten und durch frisches ersetzen. In ca. 20 Minuten die Bohnen mit Lorbeerblättern weich kochen.
 Öl in einem Topf erhitzen, Gewürze kurz anrösten, die abgetropften Bohnen und das kleingeschnittene Basilikum zufügen. Dann alles mit dem Pürierstab zerkleinern. Mit Salz und Sahne abschmecken.

Nussiger Erbsen-Basilikum-Aufstrich

■ Zutaten für ca. 500 g

250 g tiefgefrorene Erbsen
100 ml Gemüsebrühe
40 g gemahlene Mandeln
200 g Frischkäse
1–2 Bund Basilikum
Salz
Schwarzer Pfeffer, frisch gemahlen

Die Erbsen auftauen. Gemüsebrühe in einem Topf erhitzen, Erbsen zugeben und ca. 5 Minuten köcheln lassen. Die Brühe abschütten. Erbsen, Mandeln und Frischkäse in eine Schüssel geben. Basilikum kleinschneiden, hinzufügen und alles pürieren. Abkühlen lassen. Mit Salz und Pfeffer abschmecken.

> **Tip!**
> Paßt hervorragend zu frischem Brot.

Sonnenblumenkern-Aufstrich

■ Zutaten für ca. 350 g

100 g Sonnenblumenkerne
1 Bund Basilikum
  (z. B. Zitronenbasilikum)
1–2 Knoblauchzehen
200 g Frischkäse
3 EL Crème fraîche
Salz
Schwarzer Pfeffer,
  frisch gemahlen

Sonnenblumenkerne in einer Pfanne ohne Fett rösten, bis sie duften, anschließend hacken. Basilikum in feine Streifen schneiden, Knoblauch schälen und durch die Presse geben. Alle Zutaten vermengen, mit Salz und Pfeffer würzen.

> **Tip!**
> Der Sonnenblumenkern-Aufstrich schmeckt gut auf Partycrackern.

Fruchtige Tomatensoße

■ Zutaten für 4 Personen

8 große Tomaten
1 Zwiebel
2 Knoblauchzehen
50 g Butter
1–2 Bund Basilikum
Salz
Schwarzer Pfeffer,
  frisch gemahlen
1 Prise Zucker

Die Tomaten waschen, kreuzförmig einritzen, kurz in kochendes Wasser tauchen, dann häuten und würfeln. Zwiebel und Knoblauch schälen, ebenfalls würfeln. Butter in einem Topf zerlassen, Zwiebel und Knoblauch andünsten. Tomaten zugeben und wenige Minuten mitköcheln lassen. Basilikum in feine Streifen schneiden, zugeben. Mit Salz, Pfeffer und Zucker würzen.

> **Tip!**
> Diese Soße paßt besonders gut zu Pasta.

Variante

■ Zutaten für 4 Personen
600 g mittelgroße Tomaten
2 kleine Möhren
1 Zwiebel
2 Knoblauchzehen
50 g Butter

125 ml kräftiger Rotwein
Salz
Schwarzer Pfeffer,
   frisch gemahlen
1 Bund Basilikum

Die Tomaten waschen, kreuzförmig einritzen, kurz in kochendes Wasser tauchen, dann häuten und würfeln. Die Möhren waschen, putzen und in Würfel schneiden. Zwiebel und Knoblauch schälen, ebenfalls würfeln. Butter in einem Topf zerlassen. Darin Zwiebel und Knoblauch andünsten. Tomaten und Karotten zugeben, kurz anbraten. Dann den Rotwein angießen, mit Salz und Pfeffer kräftig würzen und ca. 20 Minuten bei kleiner Hitze köcheln lassen. Zum Schluß das Basilikum zufügen. Nach Belieben mit dem Stabmixer pürieren.

Basilikum-Avocado-Dip

■ Zutaten für 4 Personen
2 Bund Basilikum
1 reife Avocado
½ Zitrone
100 g saure Sahne
125 ml Gemüsebrühe

1 EL süße Sahne
Salz
Schwarzer Pfeffer,
   frisch gemahlen

Basilikum in feine Streifen schneiden. Die Avocado halbieren, den Kern herauslösen und das Fruchtfleisch mit einem Löffel herauskratzen. Anschließend mit Zitronensaft beträufeln und mit dem Basilikum mischen. Saure Sahne, Gemüsebrühe und süße Sahne zufügen. Mit dem Mixer pürieren und mit Salz sowie Pfeffer abschmecken.

Tip!
Dieser Dip schmeckt herrlich zu Rohkost.

Suppen und Eintöpfe

Zucchini-Basilikum-Suppe

■ Zutaten für 4 Personen
1 Zwiebel
1 Knoblauchzehe
2 große Zucchini
2 EL Sonnenblumenöl
750 ml Gemüsebrühe
1 Bund Basilikum
Salz
Schwarzer Pfeffer,
 frisch gemahlen
Ca. 50 ml Sahne

Zwiebel sowie Knoblauch schälen und hacken. Zucchini waschen, 2mal der Länge nach halbieren, dann quer in kleine Stifte schneiden. Das Öl in einem tiefen Topf erhitzen, Zwiebel und Knoblauch kurz andünsten, Zucchini zugeben und kurz mitdünsten. Brühe angießen und 5–10 Minuten kräftig kochen lassen. Basilikum in feine Streifen schneiden (einige Blättchen zum Garnieren übriglassen) und in die Suppe geben, mit Salz sowie Pfeffer abschmecken.

Den Topf von der Herdplatte nehmen und Suppe mit dem Stabmixer pürieren. Zum Schluß mit Sahne abschmecken. Die Suppe in vorgewärmten Tellern servieren und jeweils mit einem Basilikumblättchen garnieren.

Kürbissuppe mit Kartoffelklößchen und Basilikum

■ Zutaten für 4 Personen
1 kg Kürbis
2 EL Sonnenblumenöl
1 kleine Zwiebel
1/2 TL Ingwerpulver
1/2 TL Muskat, frisch gerieben
1 Msp. Koriander, gemahlen
Salz
6–7 mittelgroße Kartoffeln
1/4 l Wasser
1/2 l Milch
4 EL Basilikum
Schwarzer Pfeffer,
 frisch gemahlen

Den Kürbis schälen und in ca. 2 cm große Würfel schneiden. In einem tiefen Topf das Öl erhitzen, Zwiebel und Gewürze kurz rösten. Kürbiswürfel und etwas Salz hinzugeben, dann bei geschlossenem Deckel ca. 10 Minuten weitergaren.

In der Zwischenzeit Kartoffeln waschen und schälen. 2 Stück davon achteln und in einem Topf mit wenig Salzwasser gar kochen. Die restlichen Kartoffeln reiben, anschließend in ein Leinentuch geben, um die überschüssige Flüssigkeit auszupressen. Diese auffangen und warten, bis sich die Stärke am Boden abgesetzt hat. Wasser abgießen und die Stärke mit den geriebenen Kartoffeln mischen. Die gekochten Kartoffeln durch die Presse drücken und mit den rohen Kartoffeln mischen. Masse mit Salz abschmecken und daraus kleine Klößchen formen.

Wasser sowie Milch zu dem Kürbis geben, kurz aufkochen lassen, dann die Klößchen zugeben. Zugedeckt ca. 15 Minuten leicht mitköcheln lassen. Kurz vor Schluß Basilikum in feine Streifen schneiden und in die Suppe einstreuen, mit Salz und Pfeffer pikant abschmecken.

Bouillon mit Basilikum-Quark-Klößchen

■ Zutaten für 4 Personen

250 g Magerquark
20 g Butter
2 Eier
2 Bund Basilikum
150 g Semmelbrösel

Salz
Schwarzer Pfeffer,
*   frisch gemahlen*
1 l Gemüsebrühe

Den Quark mehrere Stunden abtropfen lassen. Die Butter cremig rühren, die Eier trennen, Eigelb und Quark mit der Butter mischen. Einige Blättchen Basilikum zur Seite legen. Den Rest sehr fein schneiden und zusammen mit den Semmelbröseln unter die Quarkmasse ziehen. Dann salzen und pfeffern. Eiweiß zu Schnee schlagen, unter die Masse heben. Mit einem Teelöffel oder nassen Händen Klößchen formen und in siedendem Salzwasser ca. 20 Minuten garen.

In einem separaten Topf die Gemüsebrühe erhitzen, die fertigen Klößchen hineingeben. Suppe auf Teller verteilen, mit Basilikumstreifen überstreuen und servieren.

Ägyptisches Tomatengemüse

■ Zutaten für 4 Personen

2 kleine Zucchini
500 g grüne Bohnen
1 Zwiebel
½ l Tomatensaft
Nach Belieben Tomatenmark
*   zum Andicken*

Salz
Schwarzer Pfeffer,
*   frisch gemahlen*
1 Schuß Sahne
1 Bund Basilikum

Zucchini waschen und in Streifen schneiden, Bohnen waschen und putzen. Zwiebel schälen, dann in Ringe schneiden. Den Tomatensaft zusammen mit dem Gemüse in einem tiefen Topf zum Kochen bringen.

Etwa 20 Minuten bei milder Hitze garen, bis das Gemüse weich ist. Nach Belieben mit Tomatenmark andicken. Mit Salz und Pfeffer kräftig würzen, Sahne dazugeben und Basilikum unterziehen.

Tip!
Das Gemüse schmeckt am besten mit Reis oder Brot.

Variante
Geben Sie gekochtes Hühnerfleisch zu dem Gemüse.

Basilikumrahmsuppe

■ Zutaten für 4 Personen
2 Zwiebeln
3–4 Knoblauchzehen
2 EL Basilikumöl
2 Bund Basilikum
750 ml Gemüsebrühe
4 große, gekochte Kartoffeln
125 ml Sahne

Zwiebeln sowie Knoblauch schälen und hacken. Öl in einem tiefen Topf erhitzen, Zwiebel- und Knoblauchwürfel darin glasig dünsten. Basilikum in Streifen schneiden, einige zur Dekoration beiseite legen, die anderen in den Topf geben und kurz mitdünsten. Gemüsebrühe angießen, 5–10 Minuten köcheln lassen, dann die Kartoffeln zugeben.

Den Topf vom Herd nehmen, und die Suppe mit dem Stabmixer pürieren. Anschließend nochmals aufkochen lassen, Sahne zugeben. Zum Schluß die restlichen Basilikumstreifen unterrühren. Die Suppe heiß servieren.

Französische Gemüsesuppe mit Pistou

Pistou ist die französische Antwort auf Pesto. Den Unterschied machen die Tomaten.

■ Zutaten für 8 Personen

200 g weiße Bohnen
2 l Wasser
1 große Zwiebel
2 Knoblauchzehen
1 Stange Lauch
3 Möhren
3 große Kartoffeln
1 Bund Petersilie

2 Lorbeerblätter
3 Pimentkörner
150 g grüne Bohnen
3 kleine Zucchini
200 g Tagliatelle
Salz
Schwarzer Pfeffer,
   frisch gemahlen

Für das Pistou
5 Knoblauchzehen
3 Tomaten
80 g Parmesan oder Pecorino

2 Bund Basilikum
1 Prise Cayennepfeffer
200 ml Olivenöl

Die weißen Bohnen über Nacht in dem Wasser einweichen. Am nächsten Tag im Einweichwasser zum Kochen bringen. Zwiebel sowie Knoblauch schälen und würfeln. Lauch und Möhren waschen, putzen und in feine Ringe schneiden. Auch die Kartoffeln waschen, schälen und in Würfel schneiden. Petersilie, Lorbeer und Piment zu den Bohnen geben, das Ganze zugedeckt ca. 45 Minuten bei kleiner Hitze garen.

In der Zwischenzeit die grünen Bohnen waschen, putzen und in mundgerechte Stücke teilen. Zucchini ebenfalls waschen und in Scheiben schneiden, zusammen mit den Nudeln in den Topf geben. Aus der Suppe Petersilie, Lorbeer und Piment entfernen, dann weitere 15–20 Minuten köcheln lassen, bis Nudeln und Bohnen bißfest gegart sind.

Für das Pistou den Knoblauch schälen und würfeln. Tomaten einritzen, kurz in kochendes Wasser geben, häuten und fein würfeln, zum Knoblauch geben. Den Käse reiben und ebenfalls zufügen. Das Basilikum in feine Streifen schneiden und zusammen mit dem Pfeffer zugeben. Öl langsam einfließen lassen und alles fein pürieren. In jeden Teller 1 EL Pistou geben und mit der Suppe übergießen, sofort servieren.

Tip!
Dazu paßt frisches Baguette.

Risotto aus Weizen mit fruchtigem Gemüsemix

■ Zutaten für 4 Personen

250 g Weizenkörner	1 EL Basilikumöl
600 ml Wasser	Salz
2 Zwiebeln	Schwarzer Pfeffer,
2 Knoblauchzehen	frisch gemahlen
4 EL Basilikumöl	2 Fleischtomaten
100 ml Tomatensaft	100 g schwarze Oliven
750 ml Gemüsebrühe	1/2 Bund Basilikum
1 kleine Aubergine	20 g Butter
1 kleine Zucchini	80 g frisch geriebener Parmesan

Weizen über Nacht einweichen. Zwiebeln sowie Knoblauch schälen, würfeln und in Öl andünsten. Abgetropften Weizen zugeben und kurz mitdünsten. Mit Tomatensaft ablöschen und einkochen lassen, dann die Brühe angießen. Zugedeckt bei schwacher Hitze ca. 20 Minuten köcheln lassen. Aubergine und Zucchini waschen, längs halbieren, dann in Würfel schneiden. In heißem Öl ca. 3 Minuten andünsten. Mit Salz und Pfeffer würzen und beiseite stellen.

Tomaten waschen, kreuzweise einritzen, kurz in kochendes Wasser tauchen, häuten und würfeln. Die Oliven grob hacken. Kurz vor Ende der Garzeit des Weizens das Gemüse untermischen. Feingeschnittenes Basilikum hinzugeben, mit Butter und Käse das Risotto verfeinern.

Erfrischender Sommer-Gazpacho

■ Zutaten für 4 Personen

8 große Tomaten	1/2 l Wasser
1 Salatgurke	4 EL Rotweinessig
2 Zwiebeln	2 TL Salz
2 Knoblauchzehen	Schwarzer Pfeffer,
1/2 gelbe Paprikaschote	frisch gemahlen
150 g Baguette	2 EL Tomatenmark
1 Bund Basilikum	

Die Tomaten waschen, kreuzweise einritzen, kurz in kochendes Wasser tauchen, häuten und würfeln. Die Salatgurke schälen, halbieren, mit einem kleinen Löffel die Kerne entfernen und grob würfeln. Zwiebeln und Knoblauch schälen und würfeln. Paprika waschen, putzen und ebenfalls in Würfel schneiden. Vom Brot die Rinde entfernen und grob zerteilen. Basilikum kleinschneiden, zusammen mit Gemüse und

Brot in einem Mixer pürieren. Nach und nach Wasser, Essig sowie die übrigen Gewürze unterrühren. Für mindestens 2 Stunden in den Kühlschrank stellen.

Den Gazpacho in Teller verteilen und mit gerösteten Brotwürfelchen sowie einigen Basilikumblättchen bestreuen. Schmeckt herrlich erfrischend an heißen Sommertagen.

Teigwaren

Basilikumnudeln selbstgemacht

■ Grundrezept für 4 Personen
300 g Weizenmehl Typ 405
3 Eier
2 EL Basilikumöl
2 Bund feingeschnittenes Basilikum

Das Mehl auf die Arbeitsfläche sieben. Eier, Öl sowie Basilikum zufügen und zu einem geschmeidigen Teig kneten, wenn nötig etwas Wasser zugeben. Zu einer Kugel formen und für ca. 30 Minuten zugedeckt an einem warmen Ort ruhen lassen (danach läßt sich der Teig besser verarbeiten). Mit dem Nudelholz oder einer Nudelmaschine den Teig sehr dünn ausrollen. Den Teig mit einem scharfen Messer in die gewünschte Form schneiden. In kochendem Salzwasser wenige Minuten bißfest garen.

> **Tip!**
> Schmeckt gut mit Tomatensoße oder knackig gebratenem Gemüse vermischt und mit Käse bestreut.
>
> **Variante**
> Bereiten Sie nach dem Grundrezept einen Teig zu, ohne die Basilikumblätter fein zu hacken. Beim Ausrollen des Teigs vereinzelt grüne Blätter in den Teig drücken. Diesen anschließend nochmals kräftig ausrollen, so daß das Grün der Blätter durch den Teig schimmert. Weiterverarbeiten wie im Grundrezept beschrieben.

Basilikumgnocchi

■ Zutaten für 4 Personen
800 g mehligkochende Kartoffeln
130 g Mehl
2 Eier
30 g Greyerzer, frisch gerieben
Salz
Schwarzer Pfeffer,
    frisch gemahlen
Muskatnuß, frisch gerieben

Kartoffeln schälen, vierteln und in wenig Salzwasser weich kochen. Wasser abgießen, Kartoffeln durch eine Presse drücken und die Masse abkühlen lassen. Mit den übrigen Zutaten mischen und zu einem geschmeidigen Teig kneten. Etwa fingerdicke Röllchen formen, in 2 cm große Stücke schneiden und mit einer nassen Gabel Rillen eindrücken. In siedendem Salzwasser garen, bis die Gnocchi an der Oberfläche schwimmen.

> **Tip!**
> Mit einer fruchtigen Tomatensoße servieren oder mit etwas zerlassener Butter übergießen und mit geriebenem Käse bestreuen.

Basilikumkäsespätzle mit Röstzwiebeln

■ Zutaten für 4 Personen
1 Bund Basilikum
300 g Mehl
1 TL Salz
3 Eier
Etwas Wasser nach Bedarf
3 Zwiebeln
1 EL Basilikumöl
450 g Emmentaler oder
Greyerzer Käse
Salz
Schwarzer Pfeffer,
    frisch gemahlen

Das Basilikum im Mixer pürieren. Mehl in eine Schüssel sieben, Salz, Eier sowie Basilikum zugeben und verrühren. Soviel Wasser zugeben, bis eine zähflüssige Masse entsteht. In einem großen Topf reichlich Salzwasser zum Kochen bringen. Den Teig portionsweise vom Brett schaben oder mit einem Spätzlehobel in das kochende Wasser geben. Wenn die Spätzle oben schwimmen, mit einem Schaumlöffel abschöpfen und auf eine vorgewärmte Platte geben.

Zwiebeln schälen, in feine Ringe schneiden und in heißem Öl goldbraun rösten. Auf Küchenpapier abtropfen lassen. Auf einer vorgewärmten Platte abwechselnd Spätzle und Käse schichten, nach Bedarf salzen und pfeffern. Die gerösteten Zwiebeln darüber verteilen.

> **Tip!**
> Dazu schmeckt grüner Salat.

Ravioli mit Ricotta, Kürbiskernen und Basilikum

■ Zutaten für 4 Personen

500 g *Ricotta oder Magerquark*
300 g *Mehl*
Salz
3 *Eier*
2 *Knoblauchzehen*
20 g *geschälte Kürbiskerne*

1 EL *Basilikumöl*
3 *Bund Basilikum*
1 *Ei*
Salz
Schwarzer Pfeffer,
 frisch gemahlen

Für die Soße
1 *große Zwiebel*
1 EL *Basilikumöl*
3 EL *Tomatenmark*
Etwa ¼ l *Wasser*

Salz
Schwarzer Pfeffer,
 frisch gemahlen
1 *Prise Zucker*

Den Ricotta mehrere Stunden abtropfen lassen. Das Mehl auf die Arbeitsfläche sieben, Salz und 3 Eier hinzufügen und zu einem geschmeidigen Teig kneten. Zur Kugel formen und für ca. 30 Minuten zugedeckt an einem warmen Ort ruhen lassen.

In der Zwischenzeit Knoblauch schälen und fein hacken. Die Kürbiskerne ebenfalls hacken. Öl erhitzen, Knoblauch und Kürbiskerne darin andünsten, dann den Topf von der Herdplatte nehmen. Basilikum in feine Streifen schneiden, Ricotta und Ei zufügen, vermengen, mit Salz und Pfeffer abschmecken.

Den Teig halbieren und sehr dünn auf einem bemehlten Backbrett ausrollen. Quadrate von ca. 4 cm Seitenlänge ausschneiden. In die Mitte jedes Quadrates 1 TL der Füllung geben. Ein zweites Quadrat darauf setzen und an den Enden fest zusammendrücken. In einem großen Topf reichlich Salzwasser zum Kochen bringen, die Ravioli portionsweise darin ca. 5 Minuten garen. Mit dem Schaumlöffel herausnehmen und warm halten.

Soße   Für die Soße die Zwiebel schälen und fein würfeln. Das Öl in einem Topf erhitzen und die Zwiebel darin glasig dünsten. Tomatenmark zugeben, kurz mitdünsten und mit Wasser ablöschen. Etwa 5–10 Minuten köcheln lassen, mit Salz, Pfeffer und Zucker pikant abschmecken. Die Ravioli zusammen mit der Soße servieren.

Bandnudeln mit grünen Bohnen

■ Zutaten für 4 Personen
400 g Bandnudeln (Fettucine)
300 g grüne Bohnen
75 g getrocknete Tomaten in Öl
3 Knoblauchzehen

Schwarzer Pfeffer,
frisch gemahlen
1 Bund Basilikum

Wenn es einmal schnell gehen muß:
Fettucine mit grünen Bohnen

Nudelwasser im Topf erhitzen. Bohnen putzen und zusammen mit den Nudeln kochen. Tomaten in Streifen, Knoblauch in Scheiben schneiden. 2 EL von dem Öl der Tomaten in einer Pfanne erhitzen. Darin Tomaten und Knoblauch anbraten. Nudeln und Bohnen abgießen, ebenfalls in die Pfanne geben. Mit Salz und Pfeffer würzen. Basilikumblättchen in Streifen schneiden und unterheben.

Penne mit sahnigem Tomaten-Basilikum-Sugo

■ Zutaten für 4 Personen

500 g Penne
1 Zwiebel
2 Knoblauchzehen
2 EL Basilikumöl
5 – 6 mittelgroße Tomaten
Salz
30 g Pecorino
Schwarzer Pfeffer,
*   frisch gemahlen*
2 Bund Basilikum
*   (z. B. Spicy Globe oder*
*   Buschbasilikum)*
¼ l Sahne

Die Nudeln in reichlich Salzwasser bißfest garen. Zwiebel und Knoblauch schälen, fein hacken und im heißen Öl glasig dünsten. Die Tomaten kreuzweise einritzen, kurz in kochendes Wasser tauchen, häuten, würfeln und zufügen. Mit Salz und Pfeffer würzen. Bei kleiner Hitze zugedeckt ca. 15 Minuten köcheln lassen.

Basilikum in Streifen schneiden und untermischen. Zum Schluß die Sahne unterheben und nochmals abschmecken. Auf den Tellern anrichten und mit geriebenem Pecorino bestreuen.

Tagliatelle mit Lachsstreifen und Basilikum

■ Zutaten für 4 Personen

400 g Tagliatelle
400 ml Sahne
Salz
Schwarzer Pfeffer, frisch gemahlen
400 g Lachsfilet
1 Zitrone (eine Hälfte in
*   Scheiben schneiden, die*
*   andere auspressen)*
1 Bund Basilikum

Die Nudeln in reichlich Salzwasser bißfest garen. Sahne mit Salz und Pfeffer kochen, bis sie etwa auf die Hälfte reduziert ist. Das Lachsfilet von Haut und Gräten befreien, dann in feine Streifen schneiden. Mit Zitronensaft beträufeln und in die Sahne geben. Etwa 5 Minuten köcheln lassen, bis der Fisch gar ist.

Basilikum in feine Streifen schneiden und unterrühren. Die Tagliatelle mit der Soße mischen, mit Zitronenscheiben garnieren.

Spirelli mit Basilikumspargel

■ Zutaten für 4 Personen
400 g Spirelli
Salz
500 g grüner Spargel
3 EL Butter
1 Bund Basilikum
1 Knoblauchzehe
1 EL Zitronensaft
Schwarzer Pfeffer, frisch gemahlen

Spirelli in reichlich kochendem Salzwasser bißfest garen. Spargel waschen, die holzigen Enden abschneiden, schräg in ca. 5 cm lange Stücke schneiden. In einem Topf Salzwasser mit 1 TL Butter zum Kochen bringen, Spargel darin ca. 5 Minuten garen. Abtropfen lassen.

Basilikum in feine Streifen schneiden. Restliche Butter in einem kleinen Topf erhitzen, Knoblauch schälen, durch die Presse drücken und dazugeben, Basilikum zufügen. Spargel ca. 3 Minuten darin braten. Mit Zitronensaft, Salz und Pfeffer abschmecken. Nudeln abtropfen lassen, auf dem Teller anrichten, den Spargel und die Basilikum-Knoblauch-Butter darüber geben.

Aus dem Ofen

Basilikum-Käse-Tarte

■ Zutaten für 4 Personen
200 g Mehl
100 g Butter
1 TL Salz
5 EL Wasser

Für die Füllung
3 Knoblauchzehen
1 EL Basilikumöl
3 Bund Basilikum
3 Eier
150 g Doppelrahmfrischkäse
100 ml Sahne
Salz
Schwarzer Pfeffer, frisch gemahlen

Auf einem Brett Mehl, Butter, Salz und Wasser zu einem geschmeidigen Teig verkneten und für mindestens 30 Minuten in den Kühlschrank legen.

Knoblauch fein hacken, das Öl erhitzen und ihn darin kurz andünsten. Den Backofen auf 220 °C (Gasherd Stufe 6–7) vorheizen. Eine eingefettete Tarte- oder Quicheform von 26 cm Durchmesser mit dem Teig auslegen. Ihn dabei am Rand der Form hochlegen und mit einer Gabel mehrfach einstechen.

Basilikum in feine Streifen schneiden und zusammen mit dem Knoblauch über den Teig verteilen. Eier verquirlen, Frischkäse und Sahne zufügen, mit Salz sowie Pfeffer kräftig würzen. Dies über die Basilikum-Knoblauch-Mischung geben. Im Backofen ca. 40 Minuten backen. Warm servieren.

Gemüsestrudel

■ Zutaten für 6 Personen

Für den Teig
250 g Mehl
1 Ei
1 TL Zitronensaft
½ TL Salz

2 EL kleingeschnittenes Zitronenbasilikum, frisch oder getrocknet
Etwa 100 ml Wasser

300 g Champignons
250 g Spinat, frisch oder tiefgekühlt
3 Knoblauchzehen
3 EL Basilikumöl
½ TL Muskatnuß, frisch gemahlen
Salz
Schwarzer Pfeffer, frisch gemahlen

1 Stange Lauch
1 Bund Basilikum
100 g Quark
100 g Feta
1 Ei
50 g Mandeln
4 EL Basilikumöl

Teig Mehl, Ei, Zitronensaft, Salz, Öl, Basilikum und Wasser zu einem geschmeidigen Teig kneten, an einem warmen Ort ca. 1 Stunde ruhen lassen.

Zwischenzeitlich Pilze säubern und in Scheiben schneiden. Spinat waschen und putzen. Knoblauch schälen, anschließend durch die Presse drücken. In einem Topf Basilikumöl erhitzen, Knoblauch darin andünsten, Pilze kurz mitdünsten, dann Spinat zugeben und zerfallen lassen. Mit Muskat, Salz und Pfeffer kräftig würzen. Lauch waschen, putzen und in Ringe schneiden. Basilikumblätter fein schneiden. Gemüse vom Herd nehmen, Lauch, Quark, Feta, Ei und Basilikum zugeben, pürieren. Die Mandeln grob hacken und zum Schluß zugeben.

Backofen auf 180 °C (Gasherd Stufe 4–5) vorheizen. Den Teig auf einer bemehlten Arbeitsfläche möglichst dünn und rechteckig ausrollen, auf ein bemehltes Küchentuch geben. Mit 3 EL Basilikumöl einstreichen, die Füllung darauf verteilen. Jeweils an den Rändern eine freie Fläche lassen. Mit Hilfe des Küchentuchs den Teig längsseits einrollen. Die Ränder überklappen und den ganzen Strudel mit dem restlichen Öl bestreichen. Auf ein mit Backpapier ausgelegtes Backblech legen und auf der mittleren Schiene im Ofen ca. 1 Stunde garen. Warm servieren.

> **Tip!**
> Dazu paßt ein frischer Tomatensalat.

Cannelloni mit Zucchini-Basilikum-Füllung

■ Zutaten für 4 Personen

2 mittelgroße Zucchini
1 EL Olivenöl
1 Zwiebel
2 Knoblauchzehen
1 Bund Basilikum
200 g körniger Frischkäse

100 g Ricotta oder Quark
2 EL Sonnenblumenkerne
Salz
Schwarzer Pfeffer,
    frisch gemahlen
250 g Cannelloni

Für die Soße
3 mittelgroße Tomaten
2 rote Paprikaschoten
1 EL Olivenöl
400 ml Gemüsebrühe
Salz

Schwarzer Pfeffer,
    frisch gemahlen
1 TL Rosenpaprika
100 g kräftiger Käse, geraspelt
    (z. B. Greyerzer oder Pecorino)

Zucchini waschen, zuerst in Scheiben, dann in feine Streifen schneiden. Das Öl in einem Topf erhitzen. Zwiebel und Knoblauch schälen, würfeln und im heißen Fett glasig dünsten. Dann Zucchini zugeben und ca. 7 Minuten mitdünsten. Basilikum in feine Streifen schneiden. Topf vom Herd nehmen, Frischkäse, Ricotta, Basilikum sowie Sonnenblumenkerne untermischen und würzen. Die Cannelloni mit der Masse füllen und nebeneinander in eine gefettete, feuerfeste Form legen. Backofen auf 200 °C (Gasherd Stufe 5 – 6) vorheizen.

Für die Soße Tomaten und Paprika waschen, putzen und würfeln. Das Öl in einem Topf erhitzen, Gemüse zugeben und kurz anrösten. Gemüsebrühe aufgießen und ca. 10 Minuten köcheln lassen. Anschließend pürieren, mit Salz, Pfeffer und Paprika würzen. Die Soße über die Cannelloni geben, darüber den Käse streuen. Das Ganze 30 – 40 Minuten backen.

> **Tip!**
> Dazu schmeckt frischer Feldsalat.

Pizza mit Tomaten und Mozzarella

■ Zutaten für 4 Personen

Für den Teig
400 g *Weizenmehl Typ 405*
1 TL *Salz*
20 g *Hefe*

200 ml *warmes Wasser*
2 EL *Olivenöl*

8 *mittelgroße Tomaten*
300 g *Mozzarella*
1 *Bund Basilikum*

Salz
1 EL *Olivenöl*
Schwarzer Pfeffer, frisch gemahlen

Teig Das Mehl auf eine Arbeitsplatte sieben, in die Mitte eine Mulde drücken. Salz, Hefe und etwas Wasser verrühren, in die Mulde geben, leicht mit Mehl bedecken und 15 Minuten gehen lassen. Danach restliches Wasser und Olivenöl zugeben, das Ganze zu einem geschmeidigen Teig kneten. Zur Kugel geformt an einem warmen Ort nochmals 1 Stunde gehen lassen.

Tomaten waschen, kreuzförmig einritzen, kurz in kochendes Wasser tauchen, häuten und in kleine Würfel schneiden. Den Mozzarella in dünne Scheiben, das Basilikum in feine Streifen schneiden. Den Backofen auf 220 °C (Gasherd Stufe 6–7) vorheizen.

Den Teig auf der Arbeitsfläche ausrollen, auf ein gefettetes Backblech legen, dabei den Rand etwas dicker lassen. Tomatenwürfel darauf verteilen, kräftig salzen und pfeffern. Mozzarellascheiben darüber legen, mit etwas Olivenöl beträufeln. Auf der mittleren Schiene ca. 20 Minuten backen. Vor dem Servieren mit dem Basilikum bestreuen und heiß servieren.

Nudelpastete mit Basilikum-Tomaten-Soße

■ Zutaten für 6 Personen

Für die Pastete
300 g *Nudelplatten*
   (z. B. *Lasagneblätter*)
250 g *Mozzarella*
150 g *gekochter Schinken*

700 g *gekochte Spiralnudeln*
   (*Rohgewicht 280 g*)
30 g *frisch geriebener Parmesan*
30 g *Butter*

Für die Soße
1 kleine Zwiebel
1 Knoblauchzehe
Zucker
1 EL Öl
Salz
150 g Tomatenmark
Schwarzer Pfeffer, frisch gemahlen
30 g Mehl
1 kleines Bund Basilikum
750 ml Fleischbrühe
1 Eigelb

Nudelpastete – genau das Richtige für Pasta-Fans

Die Nudelplatten mindestens 45 Minuten in kaltem Wasser einweichen. Mozzarella in grobe Würfel und Schinken in Streifen schneiden. Für die Tomaten-Basilikum-Soße Zwiebel abziehen und fein würfeln. Knoblauch schälen und pressen. Beides in Öl glasig dünsten. Dann Tomatenmark zugeben und kurz mit anschwitzen. Mehl darüber stäuben, anschwitzen und mit der Brühe ablöschen. Soße aufkochen, danach 5 Minuten köcheln lassen. Die Soße durch ein Sieb passieren und kräftig würzen. Basilikum waschen und trockenschütteln. Die Blättchen von den Stielen zupfen, fein hacken und unter die Soße mischen. Eine Hälfte der Soße zum Anrichten beiseite stellen, andere Hälfte für Pastete verwenden.

Eine Pastetenform mit etwa zwei Dritteln der eingeweichten Nudelplatten auslegen. Schichtweise Spiralnudeln, Mozzarella, Schinken und Parmesan hineingeben. Jede Schicht mit Tomatensoße begießen. Zum Abschluß die Füllung andrücken und Butter in Flocken darauf geben. Restliche Nudelplatten als Deckel aufsetzen und diesen mit Eigelb bestreichen. Pastete im vorgeheizten Backofen bei 160 °C (Gasherd Stufe 1 – 2) etwa 45 Minuten backen. Pastete 10 Minuten auskühlen lassen, dann in Scheiben schneiden und mit der Tomatensoße anrichten.

> **Tip!**
> Dazu paßt ein knackig frischer grüner Salat.

Tomaten-Basilikum-Quiche

■ Zutaten für 4 Personen

150 g Mehl	1 Eigelb
100 g Butter oder Margarine	1 EL Zitronensaft
2 Bund Frühlingszwiebeln	2 Bund Basilikum
30 g Butter	(z. B. Sweet Fine)
4 Eier	Salz
300 ml Sahne	Schwarzer Pfeffer,
400 g Greyerzer, gerieben	frisch gemahlen
4 mittelgroße Tomaten	2 EL Pecorino, gerieben

Teig Das Mehl in eine Schüssel sieben. Kalte Butter in Stückchen schneiden, mit Eigelb und Zitronensaft schnell zu einem geschmeidigen Teig verarbeiten. In Folie gewickelt ca. 30 Minuten im Kühlschrank ruhen lassen. Anschließend ausrollen und in eine leicht gefettete Quicheform (24 cm Durchmesser) füllen, überstehende Ränder abschneiden. Backofen auf 180 °C (Gasherd Stufe 4 – 5) vorheizen.

Frühlingszwiebeln waschen, putzen und in feine Röllchen schneiden. Butter in einer Pfanne erhitzen, Zwiebelröllchen hinzufügen und kurz garen. Eier, Sahne und Käse verquirlen, Zwiebelröllchen hineingeben und über den Teig gießen. Tomaten waschen, kreuzförmig einritzen, kurz in kochendes Wasser tauchen, häuten und in ca. 1 cm dicke Scheiben schneiden.

Basilikum sehr fein schneiden, die Tomatenscheiben darin wenden. Diese so auf die Frühlingszwiebelmischung legen, daß die Form gefüllt ist. Mit Salz, Pfeffer und Pecorino würzen. Auf der mittleren Schiene des Ofens ca. 30 Minuten backen.

> **Tip!**
> Dazu schmeckt ein knackig grüner Salat.

Pfannengerichte

Chinesische Pfanne

■ Zutaten für 4 Personen

125 g Basmati- oder Thaireis

1 Eiweiß
6 EL dunkle Sojasoße

1 große Möhre
1 rote Paprikaschote
100 g Brokkoli
3 EL Basilikumöl
1 große Zwiebel
2 Knoblauchzehen
1 haselnußgroßes Stück Ingwer

200 g Hähnchenfilet

3 EL trockener Sherry
2 TL Zucker

Schwarzer Pfeffer, frisch gemahlen
1 Bund Basilikum
   (z. B. Thai-Basilikum,
   Siam Queen)
100 g Bambussprossen
   (aus dem Glas)
2 verquirlte Eier

Den Reis mit doppelter Menge Wasser bißfest garen. Fleisch in feine Streifen schneiden. Eiweiß, Sojasoße, Sherry und Zucker verrühren, darin das Fleisch eine Stunde im Kühlschrank marinieren.

Möhre waschen, putzen und in ca. 3 cm lange Stifte schneiden. Paprika waschen, Kerne entfernen und in Streifen schneiden. Brokkoli waschen, putzen und in kleine Röschen teilen. Das Öl im Wok oder in einer großen Pfanne erhitzen. Zwiebel, Knoblauch und Ingwer schälen, fein hacken und darin andünsten. Nacheinander das Gemüse zufügen, zuerst die Möhrenstifte 1 Minute mitbraten, dann die Paprikastreifen und zum Schluß die Brokkoliröschen hinzufügen.

Fleisch in ein Sieb geben, abtropfen lassen, Marinade auffangen und beiseite stellen. Fleischstreifen mitbraten, kräftig pfeffern. Basilikum in feine Streifen schneiden. Nach 3 Minuten Bambussprossen, gekochten Reis und Basilikum zugeben (einige Streifen zur Garnierung übriglassen). Vorsichtig wenden, so daß alles gleichmäßig braten kann. Marinade angießen, bei kleiner Temperatur einige Minuten weitergaren. Zum Schluß die Eier zugeben und stocken lassen, mit restlichem Basilikum überstreuen. Sofort heiß servieren.

Kartoffelplätzchen mit Basilikumquark

■ Zutaten für 4 Personen
250 g Speisequark
Salz
Schwarzer Pfeffer, frisch gemahlen
2 Bund Basilikum
½ Bund Schnittlauch
1 Msp. getrockneter Thymian
500 g mehligkochende Kartoffeln
2 Eier
2 EL Semmelbrösel
2 EL Basilikumöl

Den Quark mit Salz und Pfeffer verrühren. Basilikum in feine Streifen, Schnittlauch in Röllchen schneiden und zusammen mit dem Thymian untermischen. Kartoffeln waschen, schälen, fein raspeln und danach in einem Leinentuch gut ausdrücken. Anschließend mit Eiern, Semmelbröseln, Salz und Pfeffer verrühren.

Das Öl in einer Pfanne erhitzen. Aus dem Teig kleine Küchlein formen und im heißen Fett unter Wenden auf jeder Seite ca. 5 Minuten braten, bis sie goldbraun sind. Zusammen mit dem Quark servieren.

Tip!
Dazu paßt Tomatensalat.

Cordon bleu mit Feta und Pesto

■ Zutaten für 4 Personen
4 Schweineschnitzel à 150 g mit
  Tasche (vom Metzger vorbereitet)
Salz
Schwarzer Pfeffer, frisch gemahlen
4 EL Pesto
  (Grundrezept s. Dips und Soßen)
200 g Feta
4 EL Mehl
1 Ei
1 TL kaltes Wasser
50 g Semmelbrösel
2 – 3 EL Olivenöl

Schnitzel waschen, trockentupfen, leicht salzen und pfeffern. Die Tasche aufklappen und das Fleisch innen mit jeweils 1 EL Pesto ausstreichen. Feta in ca. 1 cm dicke Scheiben schneiden und in die Schnitzel verteilen. Die Tasche schließen, mit Zahnstochern feststecken. Mehl darüber stäuben. Eier verquirlen, die Schnitzel zuerst darin, anschließend in den Semmelbröseln wenden. In einer Pfanne das Öl erhitzen und die Schnitzel von jeder Seite ca. 5 Minuten braten.

Tip!
Als Beilagen eignen sich Bratkartoffeln mit Zwiebeln und ein bunter Salat.

Crêpes mit Avocado-Basilikum-Füllung

■ Zutaten für 4 Personen

2 Frühlingszwiebeln	3 Eier
2 Avocados	3 EL Mehl
2 EL Zitronensaft	125 ml Milch
2 Bund Basilikum	Salz
Salz	2 EL Basilikumöl
Schwarzer Pfeffer, frisch gemahlen	100 g Crème fraîche

Frühlingszwiebeln waschen und in feine Ringe schneiden. Avocados halbieren, den Kern entfernen, schälen und das Fruchtfleisch würfeln. Mit dem Zitronensaft beträufeln. Das Basilikum in feine Streifen schneiden, mit Zwiebeln und Avocadowürfeln vermengen. Mit Salz und Pfeffer würzen.

In einer Schüssel Eier, Mehl, Milch und eine Prise Salz zu einem flüssigen Teig verrühren. Im heißen Öl portionsweise 4 Crêpes ausbacken. Jeden mit etwas Crème fraîche bestreichen, die Füllung darauf geben. Die Crêpes jeweils zur Hälfte einschlagen und fertig backen. Sofort servieren.

Gebratene Shrimps mit Basilikumgemüse

■ Zutaten für 4 Personen

1 Zwiebel	1 EL Kokosmark
2 Knoblauchzehen	500 g Spinat
2 EL Olivenöl	4 große Tomaten
½ TL Cumin (gemahlener Kreuzkümmel)	2 Bund Basilikum (z. B. Thai-Basilikum, Thai Purple)
½ TL Kurkuma	2 EL Zitronensaft
1 kleine rote Chilischote, zermahlen	Salz
1 Msp. Muskat	Schwarzer Pfeffer, frisch gemahlen
250 g Shrimps	

Zwiebel sowie Knoblauch schälen und sehr fein hacken. Öl in einer großen Pfanne erhitzen, Zwiebel und Knoblauch hinzufügen, beides andünsten. Cumin, Kurkuma, Chili und Muskat einrühren. Shrimps zugeben, kurz mitbraten. Dann das Kokosmark einrühren und bei mittlerer Hitze die Flüssigkeit etwas einkochen lassen.

Spinat waschen, putzen, in mundgerechte Stücke zupfen und kurz in kochendem Salzwasser blanchieren. Tomaten waschen, kreuzförmig einritzen, kurz in kochendes Wasser tauchen, dann häuten und würfeln. Ohne Saft zusammen mit dem abgetropften Spinat in die Pfanne geben. Das Basilikum in feine Streifen schneiden und hinzufügen. Mit Zitronensaft, Salz und Pfeffer würzen. Sofort servieren.

Tip!
Dazu paßt Reis oder frisches Brot.

Pikantes Basilikumomelette mit Paprika

■ Zutaten für 4 Personen
2 rote Paprikaschoten
1 gelbe Paprikaschote
1 kleines Bund Frühlingszwiebeln
2 Knoblauchzehen
2 EL schwarze Oliven, entkernt
3 Fleischtomaten
4 EL Basilikumöl
Salz
Schwarzer Pfeffer, frisch gemahlen
5 Eier
1 Bund Basilikum

Paprika waschen, halbieren, die Trennwände und Kernchen entfernen. In Streifen von ca. 4 cm Länge schneiden. Frühlingszwiebeln waschen, putzen und in feine Ringe schneiden. Knoblauch schälen und sehr fein hacken. Oliven in Scheiben schneiden. Tomaten waschen, kreuzförmig einritzen, kurz in kochendes Wasser tauchen, häuten und würfeln. Öl in einer großen Pfanne erhitzen, Paprika, Frühlingszwiebeln und Knoblauch darin andünsten. Olivenscheiben und Tomatenwürfel hineingeben, mit Salz und Pfeffer würzen, dann bißfest garen.

Die Eier in einer Schüssel schaumig schlagen, das Basilikum in feine Streifen schneiden und unterheben, über das Gemüse gießen und verrühren, bis es zu stocken beginnt. Bei geschlossenem Deckel von beiden Seiten goldgelb backen.

Gebratene Polenta mit Tomaten-Basilikum-Relish

■ Zutaten für 4 Personen
750 ml Gemüsebrühe
250 g Polenta (Maisgrieß)
4 mittelgroße Tomaten
1 Zwiebel
2 Knoblauchzehen
1 Bund Basilikum
Salz
Schwarzer Pfeffer, frisch gemahlen
1 Msp. Rosenpaprika
2 EL Basilikumessig
2 EL Olivenöl

Gemüsebrühe zum Kochen bringen, die Polenta unter Rühren nach und nach zugeben. Bei leichter Hitze ca. 20 Minuten ausquellen lassen, gelegentlich umrühren.

Die Tomaten waschen, kreuzweise einritzen, kurz in kochendes Wasser tauchen, häuten und würfeln. Zwiebel und Knoblauch schälen, beides sehr fein hacken und zusammen mit dem in feine Streifen geschnittenen Basilikum zu den Tomaten geben. Mit Salz, Pfeffer, Paprika und Essig abschmecken und beiseite stellen.

Die Polenta ca. 2 cm dick auf ein Backblech oder eine kalte Platte streichen und erkalten lassen. In einer Pfanne das Öl erhitzen, darin die Polenta von beiden Seiten knusprig braten. Das Relish dazu reichen.

Fleisch und Fisch

Saltimbocca mit rot-grünem Püree

■ Zutaten für 4 Personen

8 kleine Kalbsschnitzel
8 frische Salbeiblätter
8 Scheiben italienischer,
　luftgetrockneter Schinken
Etwas Mehl
Oliven- oder Basilikumöl zum Braten
5 Fleischtomaten
1 Bund Basilikum
　(z. B. Genoveser, Großes Krauses)
1 Zwiebel
1 EL Olivenöl
Salz
Schwarzer Pfeffer, frisch gemahlen

Auf jedes Schnitzel ein Salbeiblatt legen, mit einer Scheibe Schinken umwickeln, in Mehl wenden und im heißen Öl von jeder Seite ca. 3 Minuten braten.

Tomaten waschen, kreuzweise einritzen, kurz in kochendes Wasser tauchen, häuten und würfeln. Basilikum in feine Streifen schneiden. Zwiebel schälen, würfeln und im heißen Öl andünsten, Tomatenwürfel dazugeben, 5 Minuten mitkochen, dann mit Salz und Pfeffer abschmecken. Zum Schluß das Basilikum untermischen. Saltimbocca mit dem Püree anrichten.

> **Tip!**
> Dazu paßt frische Pasta.

Gekräuterter Lammrücken mit glasierten Möhren

■ Zutaten für 4 Personen

1,5 kg Lammrücken mit Knochen	100 g Butter
2–3 Knoblauchzehen	4 cl Cognac
1 TL Salz	2–3 EL Semmelbrösel
1 TL getrockneter Salbei	1 Bund Basilikum
1 TL schwarzer Pfeffer, frisch gemahlen	(z. B. Spicy Globe)
800 g Möhren	30 g Zucker
50 g Butter	1/4 l Fleischbrühe

Lammrücken waschen und trockentupfen. Knoblauch schälen und durch die Presse drücken, mit den Gewürzen, der Hälfte der Butter und dem Cognac mischen. Fleisch damit einreiben, anschließend ca. 30 Minuten im Kühlschrank ruhen lassen. Den Backofen auf 230 °C (Gasherd Stufe 6–7) vorheizen. Lammrücken in eine feuerfeste Form geben und im Ofen ca. 60 Minuten braten. Semmelbrösel, restliche Butter und kleingeschnittenes Basilikum mischen. Nach ca. 40 Minuten Backzeit über das Fleisch geben.

In der Zwischenzeit die Möhren waschen und putzen. Butter in einem Topf erhitzen, Möhren zugeben, mit Zucker bestreuen und vorsichtig wenden. Brühe angießen und ca. 15 Minuten dünsten. Deckel abnehmen und so lange weitergaren, bis die Flüssigkeit einreduziert ist. Lammrücken mit Möhren anrichten.

Tip!
Als Beilage eignen sich Salzkartoffeln.

Truthahnschnitzel mit Salsa Verde

■ Zutaten für 4 Personen

4 Truthahnschnitzel à 200 g	1/2 TL Zitronensaft
Salz	2 EL Kapern
Schwarzer Pfeffer, frisch gemahlen	2 Knoblauchzehen
4 EL Basilikumöl	100 ml Oliven- oder Basilikumöl
Je 1 Bund Basilikum, Schnittlauch, Petersilie	

Die Truthahnschnitzel waschen, trockentupfen und von beiden Seiten mit Salz und Pfeffer würzen. Das Öl erhitzen, darin die Schnitzel ca. 10 Minuten unter Wenden braten.

Kräuter fein hacken, Zitronensaft zugeben. Kapern kleinhacken, Knoblauch schälen, durch die Presse drücken und beides zu den Kräutern geben. Das Ganze mit dem Pürierstab grob zerkleinern. Die Schnitzel in Scheiben schneiden und mit der Soße anrichten.

Lammragout auf Basilikumreis

■ Zutaten für 4 Personen
750 g Lammfleisch (aus der Schulter)
2 kleine Zwiebeln
2 Knoblauchzehen
2–3 EL Olivenöl
800 g geschälte Tomaten
    (aus der Dose)
Salz
Schwarzer Pfeffer, frisch gemahlen
Je 2 TL getrockneter Thymian
    und Rosmarin
200 g Wildreismischung
½ l Fleischbrühe
2 Bund Basilikum
    (z. B. Fino Verde, Genoveser)

Das Fleisch waschen, trockentupfen, von den Sehnen befreien und in ca. 2 cm große Würfel schneiden. Zwiebeln schälen und fein würfeln. Knoblauch ebenfalls schälen und durch die Presse drücken. 1 EL Olivenöl erhitzen, die Hälfte der Zwiebeln darin glasig dünsten, das Fleisch dazugeben und rundherum anbraten. Die Tomaten mit ihrem Saft, Knoblauch, Salz, Pfeffer, Thymian sowie Rosmarin hinzufügen und alles verrühren. Bei schwacher Hitze zugedeckt ca. 35 Minuten garen.

In der Zwischenzeit das restliche Öl in einem Topf erhitzen und die übrigen Zwiebelwürfel darin glasig dünsten. Reis zugeben, kurz mitdünsten, Brühe angießen und zugedeckt bei schwacher Hitze ca. 20 Minuten quellen lassen, bis die Flüssigkeit aufgesogen ist. Das Basilikum in feine Streifen schneiden (einige Blättchen zur Verzierung zurückbehalten) und unter den fertigen Reis mischen. Den Reis anschließend in eine kleine, gefettete Ringform drücken und jeweils auf die Teller stürzen. Das Ragout in die Mitte geben, mit Basilikumblättchen verzieren.

Rinderfilet mit Pestokruste

■ Zutaten für 4 Personen
800 g Rinderfilet
Salz
Schwarzer Pfeffer,
    frisch gemahlen
2 EL Olivenöl oder
    30 g Pflanzenfett zum Braten
2–3 EL Pesto
    (Grundrezept s. Dips und Soßen)

Das Filet waschen, trockentupfen, salzen, pfeffern und im heißen Öl rundherum braun anbraten. Aus der Pfanne nehmen und etwas abkühlen lassen. Den Backofen auf 200 °C (Gasherd Stufe 5–6) vorheizen. Das Fleisch mit dem Pesto kräftig bestreichen und gut andrücken, danach in eine feuerfeste Form legen. Auf der mittleren Schiene des Ofens ca. 20 Minuten braten. Anschließend in Scheiben schneiden und servieren.

> **Tip!**
> Als Beilage passen in Butter geschwenkte Pellkartoffeln und gedünstete Möhrchen.

Überbackene Miesmuscheln mit Basilikumbutter

■ Zutaten für 4 Personen

2 Zwiebeln
2 Knoblauchzehen
1 Bund Basilikum
150 g Butter
2 EL Semmelbrösel

Salz
Schwarzer Pfeffer, frisch gemahlen
24 große Miesmuscheln
Saft einer Zitrone

Zwiebeln sowie Knoblauch schälen und sehr fein hacken. Basilikum in sehr dünne Streifen schneiden. Die Butter etwas weich werden lassen, dann cremig rühren. Zwiebeln, Knoblauch und Basilikum zugeben, das Ganze vermischen. Semmelbrösel unterrühren, salzen und pfeffern. Das Gemisch auf Alufolie geben, zur Rolle geformt einwickeln und im Kühlschrank kalt werden lassen.

Den Backofen auf Grillstufe vorheizen. Die Muscheln gründlich waschen. Am besten in einer großen Schale unter fließendem Wasser mit einer Bürste gründlich reinigen. Mit einem Messer öffnen und die Hälften mit dem Muschelfleisch nebeneinander in eine Auflaufform legen. Die Butterrolle in Scheiben schneiden, diese auf den Muschelhälften verteilen. 5 Minuten im heißen Ofen überbacken. Auf einer Platte anrichten, etwas Zitronensaft darüber träufeln und sofort servieren.

> **Tip!**
> Dazu schmecken frisches Baguette und ein trockener Weißwein.

Steinbeißerfilet mit Kapernpesto

■ Zutaten für 4 Personen

800 g Steinbeißerfilet
Saft von ½ Zitrone
Salz
Weißer Pfeffer
3–4 EL Kapernpesto
(Rezept s. Dips und Soßen)

Den Backofen auf 180 °C (Gasherd Stufe 4–5) vorheizen. Das Fischfilet in 4 Stücke teilen, mit Zitronensaft beträufeln. Von beiden Seiten leicht salzen und pfeffern. Jedes Filet mit Kapernpesto bestreichen. Die Filets nebeneinander in einen Bratschlauch geben. Die Enden fest zusammenbinden, ein kleines Loch in die Oberseite schneiden und ca. 15–20 Minuten im Backofen garen.

> **Tip!**
> Als Beilage eignen sich in Butter und Petersilie geschwenkte Pellkartoffeln.

Gegrilltes Lachsfilet mit Spinat-Basilikum-Soße

■ Zutaten für 4 Personen

Für die Soße

500 g frischer Spinat
  (oder 250 g tiefgekühlt)
125 ml Basilikumöl
1 Knoblauchzehe
1 Bund Basilikum

4 EL Butter
2 TL Zitronensaft

40 g Greyerzer
2 EL Gemüsebrühe
Salz
Schwarzer Pfeffer, frisch gemahlen
1 Prise Muskatnuß, frisch gemahlen

4 Scheiben Lachsfilet à ca. 250 g

Den Spinat waschen und putzen. Das Öl in einem mittelgroßen Topf erhitzen. Knoblauch schälen, hacken und im heißen Öl andünsten. Den Spinat hinzufügen und zerfallen lassen. Basilikum in feine Streifen schneiden, den Käse reiben. Beides in den Topf geben, dann Gemüsebrühe angießen. Mit Salz, Pfeffer und Muskat abschmecken.

Den Backofen auf Grillstufe vorheizen. In einem kleinen Topf die Butter verflüssigen und mit dem Zitronensaft verrühren. Die Lachsfilets in einer feuerfesten Form nebeneinander anordnen, mit etwas Zitronenbutter beträufeln. Ca. 5 Minuten grillen, wenden, wieder mit Zitronenbutter übergießen und weitere 5 Minuten garen. Auf einer Platte anrichten, die Spinat-Basilikum-Soße darüber geben.

Tip!
Schmeckt mit Kartoffeln oder Reis.

Essig, Öl und Eingemachtes

Duft- und Aromastoffe gehen ins Öl über

Das Einlegen frischer Kräuter in Essig oder Öl ist eine besonders gute Konservierungsmethode. Dadurch werden den Kräutern die Duft- sowie Aromastoffe entzogen, die in den Essig oder das Öl übergehen. In eine Flasche gibt man einen Zweig oder mehrere Blätter eines Krauts und füllt anschließend mit hochwertigem Essig oder Öl auf. Das Ganze gut schütteln und an einem warmen Platz für mehrere Wochen oder Monate stehenlassen. Je länger Sie die Aufgüße aufbewahren, um so intensiver wird das Kräuteraroma.

Gutes für die Küche: Essig, Öl und Eingemachtes

Kühl und dunkel aufbewahren

Entfernen Sie nach einigen Wochen die Kräuterzweige und -blätter mit Hilfe eines Siebs aus dem Öl. Bei Essig ist dies nicht nötig. Bewahren Sie den selbst angesetzten Essig und das Öl anschließend an einem kühlen, dunklen Ort auf. Verwenden Sie durchsichtige Flaschen mit ansprechendem Design, wenn Sie auch dem Auge etwas bieten oder Essig und Öl verschenken wollen.

Basilikumöl

2 EL Basilikumblätter
1/2 l neutrales Pflanzenöl (z. B. Distelöl, Sonnenblumenöl)

Basilikumblätter in eine saubere, trockene Flasche geben, mit Öl aufgießen und verschließen. An einem warmen Ort mehrere Wochen stehenlassen. Danach die Blätter absieben, und das Öl in einer Flasche an einem dunklen Ort lagern. Diese Art der Ölverfeinerung wird Mazeration genannt. Während des Prozesses gehen die löslichen Inhaltsstoffe der Pflanze in das Öl über.

Mazeration

Kräuteröl

1 Tasse gemischte Kräuter (Basilikum, Rosmarin etc.)
1–2 Knoblauchzehen
1 l kaltgepreßtes Olivenöl

Zubereitung wie Basilikumöl.

Basilikumessig

2 EL Basilikumblätter
1/2 l Weißweinessig

Basilikumblätter in eine gut ausgespülte, trockene Flasche geben, mit Weißweinessig aufgießen. Schütteln, auftretende Luftbläschen entweichen lassen und gut verschließen. An einem warmen Ort mehrere Wochen stehenlassen. Danach an einer dunklen Stelle kühl lagern.

Kräuteressig

1 Tasse gemischte Kräuter (Basilikum, Thymian, Estragon, je nach Geschmack)
1 l guter Obst- oder Weinessig

Zubereitung wie Basilikumessig.

Gekochter Basilikumessig

½ l Weißweinessig oder ein anderer Qualitätsessig
2 EL Basilikumblätter

Den Essig zum Kochen bringen. Basilikumblätter in eine Flasche oder ein anderes Gefäß geben, mit dem heißen Essig übergießen, verschließen und an einem warmen Ort ca. 1 Woche stehenlassen. Danach die Blätter absieben und den Essig in einer sauberen, dekorativen Flasche an einem dunklen, kühlen Ort aufbewahren. Je nach Basilikumsorte variiert der Essig in Farbe und Geschmack. Allesamt eignen sie sich hervorragend als Ergänzung zum Salat.

Variationen in Farbe und Geschmack

Kräuterwein

1 Handvoll Zitronenbasilikum (oder eine Mischung aus
   verschiedenen Kräutern)
1 Flasche trockener Weißwein

Die Basilikumblätter in die Flasche Wein geben, 4–5 Tage stehenlassen. Danach die Blätter absieben und die Flasche fest verkorken.

Desserts, Drinks und Deko

Kiwi-Orangen-Salat mit Basilikum

■ Zutaten für 4 Personen

4 Kiwis
3 Orangen
2 EL Himbeersirup
3 EL Zitronensaft

½ Bund Basilikum
   (z. B. Zimtbasilikum)
1 Handvoll Pinienkerne

Kiwis schälen und in feine Scheiben schneiden. Orangen schälen und filetieren, dabei den Saft auffangen. Himbeersirup und Zitronensaft mit dem aufgefangenen Orangensaft mischen, diese Mischung über das Obst geben. Anschließend das in sehr feine Streifen geschnittene Basilikum unterheben. Auf Schälchen verteilen und mit Pinienkernen garnieren.

Zitronensorbet

■ Zutaten für 4 Personen
100 g Zucker
1/4 l frisch gepreßter Zitronensaft
Abgeriebene Schale 1 unbehandelten Zitrone
2 EL Basilikum (z. B. Zitronenbasilikum, Mrs. Burns Lemon Basil)
1 Eiweiß

Zucker mit 4 EL Wasser zu Sirup kochen. Saft und Schale der Zitrone zusammen mit den Basilikumblättern pürieren und mit dem Sirup mischen. Eiweiß halb steif schlagen und unterheben. Alles in der Eismaschine gefrieren lassen. Wer keine Eismaschine hat, füllt die Masse in eine Metall- oder Plastikschüssel und läßt sie im Gefrierfach ca. 2 Stunden fest werden. Danach herausnehmen und kräftig durchrühren, damit die Kristalle zerstört werden und sich eine geschmeidige Masse bilden kann. Nach 2 Stunden wiederholen. Das Sorbet zu Kugeln formen, mit Zitronenscheibe und Basilikumblättchen verzieren, dann servieren.

Basilikum-Milcheis

■ Zutaten für 4 – 6 Personen
125 ml Milch
125 ml Sahne
1 Bund Basilikum (z. B. Zitronen- oder Zimtbasilikum)
2 Eigelb
1 EL Zucker
1 Prise Salz

Milch, Sahne und Basilikumblätter pürieren, bis eine homogene Masse entsteht. Diese kurz erhitzen. Eigelbe und Zucker im Wasserbad dick und schaumig schlagen, die Basilikummischung hinzufügen und alles nochmals erhitzen, aber nicht kochen lassen. Unter Rühren im Eiswasserbad abkühlen, in der Eismaschine oder im Eisfach (s. Rezept Zitronensorbet) gefrieren lassen. Mit frischen Früchten servieren.

Basilikum-Flip

■ Zutaten für 4 Gläser
1 Bund Basilikum
1 EL Honig
1/2 l Buttermilch
Saft von 1 Zitrone
Mineralwasser zum Aufgießen

Basilikum in Streifen schneiden, zusammen mit dem Honig pürieren, Buttermilch und Zitronensaft zufügen. In Gläser verteilen und nach Geschmack mit Mineralwasser aufgießen.

Fitmacher-Drink

■ Zutaten für 4 Gläser
350 ml Tomatensaft
150 ml Möhrensaft
½ Bund Basilikum
1 Msp. Rosenpaprika
Salz
Mineralwasser zum Aufgießen

Tomaten- und Möhrensaft in eine hohe Schüssel geben, Basilikum hinzufügen und mit dem Mixer zerkleinern. Mit Paprika sowie Salz abschmecken, in 4 Gläser verteilen und nach Geschmack mit Mineralwasser auffüllen.
Wer es gern pikant mag, kann anstatt des Rosenpaprikas auch mit 2–3 Tropfen Tabasco würzen.

Teemischungen

2–3 Basilikumblättchen
1 EL Assamtee
750 ml Wasser

Basilikumblättchen und Tee in eine Kanne geben, kochendes Wasser darüber gießen und 3–5 Minuten ziehen lassen. Abseihen und nach Geschmack mit Zucker oder Honig süßen.

Lustige Basilikumeiswürfel

Einen erfrischenden Sommerdrink können Sie wirkungsvoll mit Basilikumeiswürfel in Szene setzen. Dafür benötigen Sie nur einen Eiswürfelbehälter, Wasser und ein paar frische Basilikumblättchen. Füllen Sie Wasser in den Behälter, und geben Sie in jedes Fach ein Blättchen Basilikum. Dann lassen Sie es gefrieren.

Fritierte Basilikumblätter

Als Garnierung auf Fleisch und Fisch machen sich fritierte Basilikumblätter besonders gut. Dazu tauchen Sie einfach einzelne Basilikumblättchen kurz in heißes Öl.

Bouquet garni

So heißt ein aus frischen Kräutern zusammengebundenes Sträußchen, das man für viele Gerichte verwenden kann. Es wird beim Kochen zu den Speisen gegeben und, nachdem sein Aroma in diese übergegangen ist, wieder entfernt. Den Kombinationen verschiedener Kräuter sind keine Grenzen gesetzt. Je nach Vorliebe können Sie sich Ihr eigenes Lieblingsbouquet zusammenstellen; geeignet sind alle frischen Gartenkräuter.

VI. Anhang

Literaturverzeichnis

Agrawal, P. / Rai, V. / Singh, R. B.: Randomized placebo-controlled, single blind trial of holy basil leaves in patients with noninsulin-dependent diabetes mellitus. In: International Journal of clinical Pharmacology and Therapeutics, Vol. 34 (9), S. 406–409. München 1996.

Baku, E. S. K. / Singh, V. K. / Shamima, Hashmi: Medicinal Plants in Traditional medicine – Volta region Ghana, West Africa. In: Glimpses in plant research, Vol. X, 1993, S. 79–95. Govil, J. N./Singh, V. K. and Shamima Hashmi (Hrsg.). Medicinal plants: New vistas of research (Part I). New Delhi 1993.

Breschke, Joachim et al.: Die große Falken Gartenschule. Das Standardwerk zur Gartenpraxis. Niederhausen/Ts. 1998.

Czygan, Franz-Christian: Basilikum – Ocimum basilicum L. Portrait einer Heilpflanze. Zeitschrift für Phytotherapie 18, S. 58–66. Stuttgart 1996.

Davis, Patricia: Aromatherapie von A–Z. München 1998.

DeBaggio, Thomas / Belsinger, Susan: Basil – An Herb Lover's Guide. Colorado 1996.

Dhar, M. L. / Dhar, M. M. / Dawan, B. N. / Mahrotra, B. N. / Ray C: Screening of Indian plants for biological activity part I. Indian Journal of Experimental Journal 6, S. 232–240. New Delhi 1968.

Dittrich, Bernd: Duftpflanzen für Garten, Balkon und Terrasse. München 1988.

Flach, Grete: Aus meinem Rezeptschatzkästlein. Freiburg 1966.

Fröhlich, Hans Horst: Der Naturgarten des Sebastian Kneipp. München 1997.

Giri, J. P. / Suganhti, Meera G.: Effect of Tulsi (Ocimum sanctum) on diabetes mellitus. In: Indian Journal of Nutrition and Dietetics 24, S. 337–341. Coimbatore 1987.

Hagers Handbuch der Pharmazeutischen Praxis. 6. Band. Chemikalien und Drogen Teil A: N–Q. Heidelberg 1977.

Holt, Geraldene: Kräuter, Kräuter, Kräuter. München 1992.

Jain, M. L. / Jain, S. R.: Investigation of the essential oil of Ocimum basilicum. Planta Medica 24, S. 268. Stuttgart 1973.

Jain, S. K. / De Filipps, Robert A.: Medicinal plants of India. Michigan 1991.
Klostermaier, Klaus K.: A concise encyclopedia of hinduism. Oxford 1998.
Kreuzer, Johannes: Kreuzers Gartenpflanzenlexikon. Band 7. Braunschweig 1995[7].
Küllenberg, Bernd: Ratgeber Vitamine und Mineralstoffe. Bad Homburg 1995.
Küster, Hansjörg: Kleine Kulturgeschichte der Gewürze. München 1997.
Lad, Vasant: Das Ayurweda Heilbuch. Aitrang 1995.
Morningstar, Amadea: Gesund mit der Ayurweda Heilküche. Aitrang 1996.
Müller, Irmgard: Die pflanzlichen Heilmittel bei Hildegard von Bingen. Freiburg 1993.
Palit, G. / Singh, S. P. / Singh, N. / Kohli, R. P. / Bhargava, K. P.: An experimental evaluation of anti-asthmatic plant drugs from the ancient Ayurvedic medicine. In: Aspects of Allergy & Immunology 16, S. 36–40. New Delhi 1983.
C. Plinius Secundus der Ältere: Naturalis Historiae, übersetzt von Roderich König. Zürich 1983.
Prabhakar Joshi: Ethnomedicine of the Kathodias – a monkey eating tribe in Rajasthan. In: Glimpses in plant research vol. X (1993), S. 79–95. Govil, J. N. / Singh, V. K. / Shamima Hashmi (Hrsg.), Medicinal plants: New vistas of research (Part I). New Delhi 1993.
Probst, Gabriele: Alles über Gewürze von Anis bis Zitrone. Stuttgart 1989.
Pschyrembel. Medizinisches Wörterbuch. Berlin 1993[257].
Sander, Ortrun: Untersuchungen an Ocimum viride Willd. Marburg 1979.
Seidemann, Johannes: Würzmittel-Lexikon. Hamburg 1993.
Sigerist, Henry E.: Große Ärzte. München 1965[4].
Silbernagl, Stefan / Despopoulos, Agamemnon: Taschenatlas der Physiologie. Stuttgart 1991[4].
Waniorek, Axel / Waniorek, Linda: Die Heilkraft der Öle. Niedernhausen/Ts. 1998.
Wichtl, Max (Hrsg.): Teedrogen und Phytopharmaka. Stuttgart 1997[3].
Willfort, Richard: Gesundheit durch Heilkräuter. Linz 1995.

Bezugsquellen für Basilikumsamen und -pflanzen

Kräuterzauber
Auf dem Berg 166
27367 Horstedt
Tel.: 0 42 88/92 85 58
Fax: 0 42 88/92 85 59
E-Mail: info@kraeuterzauber.de
www.kraeuterzauber.de
Versand von Saatgut und Pflanzen (keine getrockneten Kräuter),
Katalog gegen 5,50 DM erhältlich.

Magic Garden Seeds
Philosophenweg 54
34121 Kassel
Tel.: 05 61/9 89 38 10
Fax: 05 61/9 89 38 11
E-Mail: mailbox@magic-garden-seeds.de
www.magic-garden-seeds.de

Syringa Samen
Dipl.-Biol. B. Dittrich
Postfach 1147
78245 Hilzingen
Tel.: 0 77 39/14 52
Fax: 0 77 39/6 77
E-Mail: Syringa@t-online.de
(Duft-, Würzkräuter, Samen und Pflanzen)

Verzeichnis aller Gerichte von A – Z

Ägyptisches Tomatengemüse 184
Asia-Dip 71

Bandnudeln mit grünen Bohnen 91
Basilikum-Avocado-Dip 82
Basilikum-Blätterteigpastetchen 68
Basilikumbutter 77
Basilikumeiswürfel 112
Basilikumessig 109
Basilikum-Flip 111
Basilikumgnocchi 89
Basilikum-Käse-Dressing 77
Basilikum-Käse-Tarte 93
Basilikum-Milcheis 111
Basilikumnudeln selbstgemacht 88
Basilikumöl 109
Basilikum-Quark-Klößchen 84
Basilikumrahmsuppe 85
Basilikumkäsespätzle mit Röstzwiebeln 89
Basilikum-Tabbouleh 74
Basilikum-Vinaigrette 73
Bouillon mit Basilikum-Quark-Klößchen 84
Bouquet garni 113

Cannelloni mit Zucchini-Basilikum-Füllung 95
Chinesische Pfanne 99
Cordon bleu mit Feta und Pesto 100
Crêpes mit Avocado-Basilikum-Füllung 101

Eiersalat mit Kichererbsensprossen 76
Erbsen-Basilikum-Aufstrich 80
Erfrischendes Sommer-Gazpacho 87

Fitmacher-Drink 112
Französische Gemüsesuppe mit Pistou 86
Friséesalat mit Basilikumgarnelen 75
Fritierte Basilikumblätter 113
Fruchtige Tomatensoße 81

Gazpacho 87
Gebratene Polenta mit Tomaten-Basilikum-Relish 102
Gebratene Shrimps mit Basilikumgemüse 101
Gefüllte Tomaten mit Käse überbacken 69

Gefüllte Weinblätter mit Reis und Tomaten 67
Gegrilltes Lachsfilet mit Spinat-Basilikum-Soße 107
Gekochter Basilikumessig 110
Gekräuterter Lammrücken mit glasierten Möhren 104
Gemüsestrudel 94
Griechischer Salat mit Basilikum-Vinaigrette 73
Grüne Mayonnaise 76
Grüner Bohnensalat mit Fenchel und Basilikum 74

Hähnchensticks mit Asia-Dip 71
Herzhafte Basilikum-Muffins 71

Indischer Mungbohnen-Basilikum-Dhal 80
Ingwer-Basilikum-Dip 79

Kapernpesto 79
Kartoffelplätzchen mit Basilikumquark 100
Kinder-Pesto 79
Kiwi-Orangen-Salat mit Basilikum 110
Kräuteressig 109
Kräuteröl 109
Kräuterwein 110
Kürbissuppe mit Kartoffelklößchen und Basilikum 83

Lachsfilet, gegrillt, mit Spinat-Basilikum-Soße 107
Lammragout auf Basilikumreis 105
Lammrücken, gekräutert, mit glasierten Möhren 104

Mariniertes Pilz- und Zucchinigemüse 70
Miesmuscheln, mit Basilikumbutter überbacken 106
Mozzarella-Reis-Bällchen 70

Nudelpastete mit Basilikum-Tomaten-Soße 96
Nussiger Erbsen-Basilikum-Aufstrich 80

Orientalisches Basilikum-Tabbouleh 74

Penne mit sahnigem Tomaten-Basilikum-
  Sugo 92
Pesto-Grundrezept 78
Pikantes Basilikumomelette mit Paprika 102
Pizza mit Tomaten und Mozzarella 96

Ravioli mit Ricotta, Kürbiskernen und
  Basilikum 90
Rettich-Tomaten-Salat 72
Rinderfilet mit Pestokruste 105
Risotto aus Weizen mit fruchtigem
  Gemüsemix 87
Röstbrote mit Tomatenwürfeln 68

Salsa Verde 104
Saltimbocca mit rot-grünem Püree 103
Schleifchensalat mit Thunfisch 75
Shrimps, gebraten, mit Basilikumgemüse 101
Sonnenblumenkern-Aufstrich 81
Spinat-Basilikum-Soße 107
Spirelli mit Basilikumspargel 93
Sprossensalat mit Basilikumdressing 73
Steinbeißerfilet mit Kapernpesto 107

Tagliatelle mit Lachsstreifen und Basilikum 92
Teemischungen 112
Tomaten-Basilikum-Relish 102
Tomaten-Basilikum-Quiche 98
Tomaten-Basilikum-Sugo 92
Tomaten, gefüllt, mit Käse überbacken 69
Tomatengemüse, ägyptisches 84
Tomatensalat mit Mozzarella und
  Basilikum 72
Truthahnschnitzel mit Salsa Verde 104

Überbackene Miesmuscheln mit Basilikumbutter 106

Walnußpesto 78
Weinblätter, gefüllt, mit Reis und Tomaten 67

Zitronensorbet 111
Zucchini-Basilikum-Suppe 93

Die Karotte - ein beliebtes Gemüse mit heilender Wirkung

Sonja Carlsson
Die Karotte
Heilkraft aus der Wurzel
96 Seiten, mit zahlr. Abb.

Die Inhaltsstoffe der Karotte helfen bei Sehschwäche, Haut- und Darmproblemen, sie beeinflussen das Immunsytem positiv und unterstützen die Krebsvorsorge – all dies ohne schädliche Nebenwirkungen!
Mit vielen Rezeptideen und einer dreitägigen Karottenkur.

Ehrenwirth
in der Verlagsgruppe Lübbe

Aus unserem Ratgeber-Programm

Jürgen Schilling:
Kau dich gesund!
152 Seiten, mit zahlr. Abb.

Schlank und gesund durch die Technik des richtigen Kauens.
»Kau-Jogging« ist eine genußvolle Methode, mit der sich ein verändertes, gesünderes Kau- und Eßverhalten dauerhaft antrainieren läßt.
Essen und Trinken ohne Schuldgefühle und schlechtes Gewissen!